中國學術思想 研究輯刊

十一編

林慶彰 主編

第 15 冊

儒墨哲學比較研究

吳進安 著

花木蘭文化出版社

國家圖書館出版品預行編目資料

儒墨哲學比較研究／吳進安 著 — 初版 — 新北市：花木蘭文
化出版社，2011〔民 100〕

序 2+ 目 2+150 面；19×26 公分

（中國學術思想研究輯刊 十一編：第 15 冊）

ISBN：978-986-254-462-4（精裝）

1. 儒學　2. 墨家　3. 比較研究

030.8　　　　　　　　　　　　　　　　100000698

ISBN-978-986-254-462-4

9 789862 544624

中國學術思想研究輯刊
十一編　第十五冊　　　　　　　　ISBN：978-986-254-462-4

儒墨哲學比較研究

作　　者　吳進安
主　　編　林慶彰
總 編 輯　杜潔祥
出　　版　花木蘭文化出版社
發 行 所　花木蘭文化出版社
發 行 人　高小娟
聯絡地址　新北市永和區中正路五九五號七樓之三
　　　　　電話：02-2923-1455／傳真：02-2923-1452
網　　址　http://www.huamulan.tw 信箱 sut81518@ms59.hinet.net
印　　刷　普羅文化出版廣告事業
封面設計　劉開工作室
初　　版　2011 年 3 月
定　　價　十一編 40 冊（精裝）新台幣 62,000 元

儒墨哲學比較研究

吳進安　著

作者簡介

吳進安，文化大學哲學研究所博士，曾任輔仁大學哲學系副教授，現任雲林科技大學漢學資料整理研究所教授兼所長。專研儒墨比較研究、墨家哲學、台灣儒學研究等課題。著有《孔子之仁與墨子兼愛比較研究》、《生活的智慧》、《墨家政治哲學》、《墨家哲學》、《哲學與人生》、《哲學專論》等書。2009 年獲中華發展基金會獎助赴廈門大學台灣研究院講學暨研究。2010 年獲聘山東大學文史哲研究院碩士生指導教授。

提　　要

　　先秦時期儒墨並稱顯學，二家之論理主張與學說意旨，從形式而言似有相似之處，但是從其核心觀念而言，卻又大相逕庭，形成儒墨二家的相互批判，為何如此？從比較的角度而言，二者之義理內涵的差異實有探究之必要。

　　本書特從孔子的仁與墨子的兼愛二觀念作為研究之入門，比較這兩個觀念的本質差異；進而再從「人與自然」、「人之自我實現」與「人與他人關係」三層面剖析仁與兼愛之不同，以及為何如此之問題。總結而言，人是孔、墨二子共同關切與思考的主體，但其成就取向不同；由主體言仁以及由客體言兼愛，造就不同的文化事業。但二者積極入世，縱使客觀環境險惡，吾道不行，孔墨二人仍然堅持理念，孔子雖明知時不可為，猶然不放棄理念與理想，不苟同隱逸山林之消極避世；墨子更是不遑多讓而摩頂放踵，利天下而為之，迎向前去，承擔責任與使命，二人之精神可稱並駕齊驅。縱使論理旨趣、核心價值有其內在的根本性差異，但在對於「道」的承擔與實踐上仍是舍我其誰而令人動容。

目
次

高　序

　　儒墨二家之學，由莊子齊物論中「儒墨是非」的話，與韓非子稱二家爲「世之顯學」看來，在戰國前期二家曾有過劇烈的爭辯，當是無疑的。而後世所見，在孟子書中尚保有激烈攻擊墨子的言辭，至於墨家對儒家的言辭攻擊卻不見，只有從莊子天下篇述墨家道術的第一節文字中去體會，我想這可能與後來墨家劇衰有關。雖然，二家之書冊均留存，當日你我爭辯之情實無傳固是一件憾事，然二家之學說思想，均可透過對其原典的研究，比較得知其立論之差異、謀慮之周偏、與夫對社會人生貢獻之大小，進安此書即是用心於比較二家之學說而撰寫。進安之治學，如其爲人處事，認眞而專誠。墨學之被重視，雖是近代以來的事，然儒學卻是代代研究者衆，雜增新義，進安此書由其精心思考故，入理至深，遂有獨到之見地。且此書爲比較孔子之「仁」與墨子之「兼愛」，二者就本質上說，同爲愛人，而謂此愛異於彼愛，是同中求異，非致思精微不爲功，我故以此書爲切實下哲思工夫之書，甚爲難得。進安以此書得博士學位，余則忝爲其指導老師，以任其指導老師故，乃知其用心力之深；以知其用心力之深故，乃敢於推薦此書與讀者諸君。

民國 82 年 9 月　高懷民　於台北

第一章　緒　論

第一節　研究動機與目的

　　先秦時期在中國歷史是個大變遷的亂世，在哲學上則是百家爭鳴、各種學說之主張者競相奔走於各國之間，圖謀爲政者採納己說以遂行天下，故儒、墨、道、法、陰陽、名等諸家興起，其中尤以儒、墨二家對立與衝突厥爲明顯，《淮南子・要略》曰：「墨子學儒者之業，受孔子之術，以爲其禮煩擾而不悅，厚葬靡財而貧民，久服傷生而害事，故背周道而用夏政。」〔註1〕孔子是繼承周文王、周公之明德愛民的精神〔註2〕，發展出一個有別於其他學派之

〔註1〕淮南子名安，著《淮南子》一書，據漢高誘認爲其旨近老子，淡泊無爲，蹈虛守靜，出入經道。《淮南子》共二十一卷，其中爲第二十一卷「要略」，本意爲「略數其要，明其所指、序其微妙、論其大體，故曰要略。」在〈要略篇〉中，對於孔子之學，有如下之語：「孔子脩成康之道，述周公之訓，以教七十子。使服其衣冠，脩其篇籍，故儒者之學生焉。」〈要略篇〉僅述及儒墨思想之緣由，並無進一步說明儒、墨二家在義理上之不同。

〔註2〕《論語》中，孔子對於周文之推崇，「周監於二代，郁郁乎文哉！吾從周。」（〈八佾〉），這是明顯的例子。而對於禮，孔子是不輕言廢之，子貢欲去告朔之餼羊，子曰：「賜也，爾愛其羊，我愛其禮。」（〈八佾〉）對於周文之嚮往，孔子則是說：「甚矣！吾衰也，久矣。吾不復夢見周公。」（〈述而〉）此外在《淮南・要略》中，亦有論述孔門之發展，尤肯定周公之貢獻與建立周文價值的努力「周公繼文王之業，持天子之政，以股肱周室，輔翼成王，懼爭道之不塞，臣下之危上也。故縱馬華山，放牛桃林，敗鼓折枹。搢笏而朝，以寧靜王室，鎮撫諸侯，成王既壯，能從政事，周公受封於魯，以此移風易俗。」可見周公在文化傳承上之地位，是獲得肯定的。請參考，楊家駱主編，《中國思想名著——淮南子》（台北：世界書局印行）。

立論點——仁，爲人道世界找到了生命的安頓處。而《墨子》全書計五十三篇〔註3〕，墨子論學皆以儒家之主張爲其建立學說之起點，且以批判之手段，彰顯墨子之思想，如在〈公孟篇〉中，墨子批評儒家之四政，即是一例。

> 儒之道足以喪天下者四政焉，儒天以爲不明，以鬼爲不神，天鬼不說，此足以喪天下。又厚葬久喪，重爲棺槨，多爲衣衾，送死若徒，三年哭泣，扶後起，杖後行，耳無聞，目無見，此足以喪天下。又弦歌鼓舞，習爲聲樂，此足以喪天下。又以命爲有貧富壽夭治亂安危有極矣，不可損益也。爲上者行之，必不聽治矣，爲下者行之，必不從事矣，此足以喪天下。〔註4〕

其他之批評亦散見於各章，如〈非儒篇〉之批評更爲刻薄。〔註5〕

〔註3〕《墨子》全書之篇數到底爲幾卷幾篇，《漢書・藝文志》認爲是七十一篇，而學者之研究，亦有如下之看法：
  (1) 孫詒讓著，《墨子閒詁》序文中認爲：「漢志墨子書七十一篇，今存者五十三篇。」而「且漢晉以降，其學幾絕，而書僅存。」孫氏之說法承漢志之說法，認爲現存者五十三篇、十五卷。他認爲「墨子書七十一篇，即漢劉向校定本，著於別錄，而劉歆七略，班固藝文志因之。」
  (2) 梁啓超亦是根據各家記錄，認爲是十五卷、五十三篇，但他則認爲「內中有三篇，決非墨家言，只算存得五十篇了。」這三篇是〈親士〉、〈修身〉、〈所染〉，他認爲這三篇純出僞託。請見梁啓超，《墨子學案》（台北：台灣中華書局，1985年8月台五版），頁5～7。但是孫詒讓則認爲，親士篇未可據以定爲墨子所自著之書，所染篇則不出墨子，爲墨之學者，增成其說。請見孫詒讓，《墨子閒詁》（台北：世界書局，四部刊要，諸子集成第一集三十種之一，第八冊）。本論文之重心放在思想與心得上，不落在於人物與著作之考證，故僅略述其考證上歸納。
〔註4〕墨子在〈公孟篇〉中，借著與公孟子（即公明子）之對話，批評孔子：
  (1) 公孟子謂子墨子曰，昔者聖王之列也，上聖立爲天子，其次立爲卿大夫。今孔子博於詩書，察於禮樂，詳於萬物。若使孔子當聖王，則豈不以孔子爲天子哉。子墨子曰，夫知者必尊天事鬼，愛人節用，合焉爲知矣。今子曰，孔子博於詩書，察於禮樂，詳於萬物，而曰可以爲天子，是數人之齒而以爲富。墨子以「數人之齒而以爲富」說明孔子僅僅博詩書，察禮樂，詳萬物，是不足以爲聖王，墨子的標準是「尊天事鬼，愛人節用」才配得上稱知，以墨子的標準來看孔子是蔽其不知。
  (2) 墨子以「四政」來批評孔子，程子答曰：甚矣，先生之毀儒也。墨子辯稱：儒固無此若四政者，而我言之，則是毀也。今儒固有此四政者，而我言之則非毀也。可見墨子對於儒之道是極盡能事之批評，並爲他的學說辯護。此乃此時期思想家之特色。即如孟子所言「余豈好辯哉，余不得已也」，其理同。
〔註5〕〈非儒上篇〉，今本闕，無法得知其內容。而〈非儒下篇〉，則對孔子有許

在儒家繼孔子而起的孟子，則以「正人心，息邪說，距詖行，放淫辭，以承三聖者」爲己任，在這「世衰道微，邪說暴行有作」的時代裡，孟子以發揚孔子之「仁學」爲己任，對於墨子及其學派，孟子亦有嚴厲之批評：

> 聖王不作，諸侯放恣，處士橫議，楊朱、墨翟之言盈天下；天下之
> 言，不歸楊，則歸墨。楊氏爲我，是無君也；墨氏兼愛，是無父也；
> 無父無君是禽獸也。……楊墨之道不息，孔子之道不著，是邪說誣
> 民，充塞仁義也。仁義充塞，則率獸食人，人將相食。吾爲此懼，
> 閑先聖之道，距楊墨，放淫辭，邪說者不得作。（〈滕文公下〉）

儒墨二家學派如此之對立，亦即是在面對周文疲敝，禮壞樂崩的時代，孔、墨二子到底是站在何種角度，何種態度來思考並解決文化的大問題，因其立論不同，價值取向亦異，在形式並稱爲雄，如《韓非子·顯學》篇所言：「世之顯學，儒墨也。儒之所至，孔丘也；墨之所至，墨翟也。」二家在韓非子之評斷中雖是顯學，但在其理論內容、關懷對象、修己治人等方面，有很大的差異，此項差異，是否如韓昌黎所言：

> 儒譏墨以上同、兼愛、上賢、明鬼。而孔子畏大人、居是邦，不非
> 其大夫，春秋譏專臣不上同哉？孔子泛愛親仁，以博施濟眾爲聖，
> 不兼愛哉？孔子賢賢，以四科進褒弟子，疾歿世而名不稱焉，不上
> 賢哉？孔子祭如在，譏祭如不祭者，曰：我祭則受福，不明鬼哉？
> 儒墨同是堯舜，同非桀紂，同修身正心，以治天下國家，奚不相悅
> 如是哉？余以爲辯生於末學，各務售其師之說，非二師之道本然也。
> 孔子必用墨子，墨子必用孔子，不相用，不足爲孔墨。〔註6〕

依韓愈之言，儒墨之思想並無歧義且可互補，但是孔子之言仁，與墨子之言兼愛，他們在義理上，關懷對象上，實踐進路上和成就的目標上有甚大

多的批評，對儒家之主張亦有批判，這其中包括：對喪禮、昏（婚）禮、孝之質疑與對執有命者之批評，這樣的結果是「繁飾禮樂以淫人，久喪僞哀以謾親，立命緩貧而高傲倨，倍本棄事而安怠傲。」〈非儒篇〉借晏嬰譏評孔子爲「深慮同謀以奉賊，勞思盡知以行邪，勸下亂上，教臣殺君，非賢人之行也。入人之國，而與人之賊，非義之類也。知人不忠，趣之爲亂，非仁義之也。」上述之批評似與孔子之言行相違，同時在〈非儒篇〉中，歷數孔子助白公亂楚，助田常叛齊，勸越伐吳，舍公家而奉季孫諸事，又謂其徒屬弟子紛效其行，作亂於衛、齊、中牟等地。這些均與史實不合，孫詒讓均提出更正，指陳其錯誤所在。

〔註6〕韓愈，《韓昌黎集·雜著·讀孟子》。

之差異，韓昌黎所謂「孔子必用墨子，墨子必用孔子，不相用，不足爲孔墨」便有深入探討之必要。

其次，吾人從「人文化成」的角度來看，《易經·繫辭下》第十章曰：「易之爲書也，廣大悉備，有天道焉，有人道焉，有地道焉，兼三才而兩之」，人能和天、地並立爲三，開出人道的價值，誠如高懷民教授所言：「首出庶物，建立人道」〔註7〕，大易哲學稱天、地、人爲「三才」，稱天道、地道、人道爲「三才之道」，人道的被提出，可以預見的是哲學家必須把他的精神貫注在人道的開發與經營上，如何把人類世界作一妥善的規劃與安排，這就是孔子重視「仁」的內在理由，「人而不仁，如禮何？人而不仁，如樂何？」（〈八佾〉），牟宗三先生在〈中國哲學的重點何以落在主體與道德性〉一文中，曾對中國哲學之進路，有深刻的闡述：

> 它（意指中國哲學）的進路或出發點並不是希臘那一套。它不是由知識上的定義手的。所以它沒有知識與邏輯。它的著重點是生命與德性。它的出發點或進路是敬天愛民的道德實踐，是踐仁成聖的道德實踐，是由這種實踐注意到「性命天道相貫通」而開出的。〔註8〕

從道德實踐的重點是「生命與德性」來看，要把人間的秩序和道德價值基於人道而建立起來，的確需要相當大的勇氣和使命感，而人的尊嚴自孔子以來便鞏固地成立〔註9〕，因爲人具備了仁的價值自覺，這對先秦以來形塑中

〔註7〕 「首出庶物，建立人道」之根據，乃是乾、坤二卦之變化得來，乾元統天，坤元配地，是故天地絪縕而化生萬物，《易經》中獨舉天、地、人爲三才，稱天道、地道和人道爲「三才之道」，故「立天之道，陰與陽，立地之道，柔與剛，立人之道，仁與義。」人爲萬物之靈，人要跳出萬物範圍，在物中獨樹一格，而不爲物所役，這即是人的價值尊嚴所在。高懷民教授將大易哲學的人道，人之道喻爲「首出庶物，建立人道」，實爲彰顯了大易是應人道之建立而生，人已超脫萬物之後的基礎上立言。請參考高懷民，《大易哲學論》（台北：成文出版社，1978年6月初版），頁230。

〔註8〕 牟宗三，《中國哲學的特質》（台北：蘭臺書局，1973年2月初版），頁10。

〔註9〕 「人的尊嚴」是表示人道世界的一種價值追求，價值是事物本身的美善與完美，但是確切的說，價值是對人說的。吾人從《論語》中可以清楚的看到孔子所重視的「人的尊嚴」，如：子路問事鬼神，子曰：「未能事人，焉能事鬼？」（〈先進〉），他周遊列國，遇到避世之人，長沮、桀溺諷刺他不知避世，孔子則說：「鳥獸不可與同群，吾非斯人之徒與而誰與？天下之道，丘不與易也。」（〈微子〉）更進一步的說，孔子用「仁」字來界定「人」即是追求完美的表徵。

國哲學之特色，是注入了相當大的力量，沒有人的自覺，人又何能談「人文化成」。從這個角度來看孔、墨二子所規劃的人間秩序和道德價值便有意義，孔、墨二子在這兩個概念上；便不是無分軒輊，而是可以讓我們很清楚的看到生命與德性開發之高下。

既然道德價值是中國哲學的主流，並且又能顯現豐富的生命內涵，因此人在歷史的巨流浪潮中豐富了它的生命，終至與天地並列為三才，人文的成就即得到完全的肯定。是故從比較哲學的觀點看孔、墨二子的「仁」與「兼愛」便成為一個值得討論的問題，無論就時代問題，文化關懷和自我開發上皆是哲學上不可或缺的內層質素，因此透過「仁」與「兼愛」之比較，即如馮耀明先生在他所著的《中國哲學的方法論問題》之文中，論到中國哲學的未來時，他主張「首先必須從它的傳統神話中解放出來，容納多元的探索方式，發揮開放的對話精神。」〔註10〕吾人參考其態度，試從孔、墨二子的對話世界中，探索和建構其根本內涵和價值體系。

第二節　研究方法

孔子說：「工欲善其事，必先利其器」（〈衛靈公篇〉）「方法」本是達到目標的一種思想過程，就其思想進程而言，方法有二種意涵：（一）方法是一種規範，是產生秩序的衡量標準，如規矩之產生方圓；（二）方法是一種趨向目標，具有方向感的規則或法則，也可以說是一個或一組目的化，方向化和準繩化的規則或法則〔註11〕。本論文以下列諸方法來進行探討。

（一）解析法

以客觀的態度，分析所研究之材料中的基本觀念和論證的確實意義，從概念的提出，時代背景的探討，語句中各相關問題的澄清，進而呈現一清晰的畫面，回到原本問題發生的地方。藉著「解析法」使得觀念能清楚的呈現，

〔註10〕馮耀明在〈哲學的現代性與中國哲學的未來〉一文中說：「中國哲學要在當前的歷史、社會脈絡上向前發展，尋找它的未來，首先必須從它的傳統神話中解放出來，容納多元的探索方式，發揮開放的對話精神。此外，中國哲學也必須於當前建立一種能與西方哲學相互對話的正當或共同話語。請見馮耀明，《中國哲學的方法論問題》（台北：允晨文化事業公司，1989年9月出版），頁21。

〔註11〕成中英，〈中國哲學中的方法詮釋學──非方法論的方法論〉，中國哲學之方法研討會論文（台大哲學系主辦，1990年5月出版），頁1。

不致因後人之好惡，而湮沒了古聖先賢之語。

（二）綜合法

透過理論的還原，將各個零散的概念整合成更高的單位，逐步的還原到有系統之理論，看待孔、墨二子之觀念，即是站在一個全體的角度，審愼的歸納和綜合。

（三）比較法

把兩組觀念，透過解析與綜合，呈現其本來之意義、價值和啓發，再經由「比較法」加以分析兩組概念的形式與內涵。因此，要把孔子的「仁」與墨子的「兼愛」作一比較，在形式方面即是從可觀察文化現象中，去理解其所處的時代病痛和思源淵源及其學說思想的特質，這個客觀的事實即是「周之文教制度」，即如唐君毅先生所言：

> 此一切文教與制度，蓋皆統于一禮之名之下。禮原所以祭天帝以稷、祖宗及生前有功有德之人之爲鬼神者。讚頌鬼神之詩樂，初與祭禮俱行。主祭者爲宗子國君，而與祭者則依其親疏尊卑之序，以就列而成禮。于是禮初爲人之致敬于鬼神者，亦皆漸漸而爲致敬于人者。一切親親、尊尊、貴貴、賢賢、天子與諸侯，諸侯與諸侯及士大夫之相與之事，無不可以禮敬之意行之，皆可名之爲禮。此禮遂于人之宗教、藝術、文學、人倫、政治之事，無所不貫；而人在種種爲禮之事中，亦同時即可養成種種不同之德矣。〔註12〕

孔、墨二子所共同面對的課題是此人文之道解體與復興，因此開出其不同的價值系統。在內涵的比較上，吾人從三層面予以探討，一爲「人與自然的關係」，二爲「人之自我實現」，三爲「人與他人的關係」來深入分析，綜合與比較。本文之運用比較法，是應用於以下三個內涵上：

1. 單一研究主題，如孔子的「仁」和墨子的「兼愛」上。

2. 孔子的「仁」與墨子的「兼愛」諸觀念的提出，對應於時代背景所顯現的價值重建問題。

3. 從「人與自然」、「人之自我實現」與「人與他人的關係」的三層面來看孔子的「仁」與墨子的「兼愛」之不同。依此三層之分析與排比對

〔註12〕唐君毅，《中國哲學原論・原道篇》卷一（台北：台灣學生書局，1986 年 10 月全集校訂版），頁 63。

照，了解孔、墨二子之哲學旨趣和對人生意義、世界關懷等問題之取向。〔註13〕

　　吾人希望透過上述之三方法能先行理解孔、墨二子之個別觀念，再找出共通的概念範疇與共通的哲學問題，以作爲比較研究之入門及參照。

〔註13〕由「人與自然」、「人之自我實現」、「人與他人的關係」來看孔子之『仁』與墨子之『兼愛』之不同」，對於這個問題的研究，學者專家前輩，亦曾有過頗具啓發性的見解，如：

(1) 唐君毅教授認爲：孔子言仁之旨乃是開之爲對人之自己之內在的感通，對他人之感通，及對天命鬼神之感通之三方面。請參閱唐君毅，《中國哲學原論・原道篇》卷一（台北：台灣學生書局，1986年10月全集校訂版），頁78。

(2) 項退結教授在〈從『信而好古』說到『仁』之現代意義〉論文中，認爲：「而當我以理性的態度衡量自己與別人的需要時，我更不期然而然地採取了孔子的道德原則：『夫仁者，己欲立而立人，己欲達而達人』（〈雍也〉）；『己所不欲，勿施於人』（〈顏淵〉）。其實，無論是尊重別人爲邏輯論證的主體或考量到別人的合理需要時，我都是在尊重別人的人性。簡言之，理性溝通關係是人際關係的一部份，而溝通道德是仁的普遍道德規範的一部份。」請參閱項退結，〈從「信而好古」說到「仁」之現代意義〉，國際孔學會議論文，1987年11月出版。

(3) 沈清松教授在〈原始儒家與民主思想〉論文中認爲：「孔子雖然在制度的設計上沒有原則性，但在重振周禮並賦予之以哲學基礎方面則有其獨創而無可替代之貢獻，此即『仁』概念之提出。『仁』指稱人與人、人與自然，甚至人與天之間的內在感通。『仁』爲主體性之覺醒，又是互爲主體性之肯認。孔子希冀由此種感通、覺醒與肯認，來賦予周禮以先驗的依據……。」請參閱沈清松，〈原始儒家與民主思想〉，國際孔學會議論文，1987年11月出版。

(4) 姜允明教授在〈試論「論語」哲學中的主觀性與客觀性〉論文中，他認爲：「仁學」的道德實踐以主觀方面來說，是一種自我實現，自我創造的過程，又以客觀方面而言，它是一種開放的系統，主觀的認識在永無止境的向客觀世界作交流對話……。」請參閱姜允明，〈試論「論語」哲學中的主觀性與客觀性〉，國際孔學議論文，1987年11月出版。

第二章 孔子仁學形成背景與特質

第一節 時代問題與周文價值的重建

司馬遷所撰《史記》中，對於孔子之生平，有詳細的記載，今依《史記》卷四十七，孔子世家第十七〔註1〕簡述如下：

孔子名丘字仲尼，魯襄公二十二年，生於魯國昌平鄉陬邑，其先宋人。年少嬉戲，常陳俎豆，設禮容。貧且賤，及長，嘗爲季氏史，曾適周問禮於老子。其後出仕，魯定公以孔子爲中都宰，一年，四方皆則之。由中都宰爲司空，由司空爲大司寇，相魯君與齊侯會於夾谷，以禮折齊，齊侯歸汶陽田以謝過，年五十六，由大司寇行攝相事，誅魯大夫少正卯，與聞國政三月，魯國大治。齊侯聞而懼，遺魯君女樂，而魯君怠於政事，孔子遂去魯適衛，周遊於衛、蒲、陳、蔡、曹、宋、杞、楚、鄭諸國之間，其間曾絕糧於陳蔡，十四年後，終返乎魯。魯哀公曾問政，然魯終不能用孔子，孔子亦不求仕。孔子乃追跡三代之禮，序書傳，正禮樂，晚而喜易，序彖，繫，象，說卦，文言，以詩書禮樂教，弟子蓋三千，身通六藝者七十有二人，魯哀公十六年四月己丑年卒，年七十三。

〔註1〕本段依司馬遷《史記‧孔子世家》摘其要略改寫（台北：宏業書局，1987年6月再版），頁1907～1947。而對於孔子之生，錢穆先生曾作「孔子生年考」與「孔子卒年考」，在其文中，詳列各家之論，認爲孔子之私人年壽，與世運之升降，史跡之轉換，人物之進退，學術之流變，無足輕重如毫髮，故依《史記》之所記載爲憑。見錢穆，《先秦諸子繫年》（台北：東大圖書公司，1986年2月台北東大初版），頁1、58。

　　孔子一生正值周王室沒落，共主衰微，王命不行之春秋末世，這個時期是「盟會頻繁，諸侯畏勞，常使卿大夫代行，代行日久，相互結援，操權篡弒，演成大夫專政之局的霸政衰微時期」〔註2〕。孔子面對如是之時代，遂嘆曰：

> 天下有道，則禮樂征伐，自天子出。天下無道，則禮樂征伐，自諸
> 侯出。自諸侯出，蓋十世希不失矣，自大夫出，五世希不失矣，陪
> 臣執國命，三世希不失矣，天下有道，則政不在大夫，天下有道，
> 則庶人不議。〔註3〕

　　孔子之嘆，「天下有道，則政不在大夫」成為有道或無道之判斷標準，而就實然之世而言，平王東遷後，朝政重心不在王室，王命不行，諸侯內亂爭鬥，導致大夫專權。就文化意義而言，周文疲敝，禮壞樂崩，政治制度，道德規範皆陷入極嚴重的混亂局面。即如孟子所言：「世衰道微，邪說暴行有作。臣弒其君者有之，子弒其父者有之。」（《孟子・滕文公下》）又如司馬遷於〈太史公自序〉云：「春秋之中，弒君三十六，亡國五十二，諸侯奔走不得保其社稷者，不可數數，察其所以，皆失其本已。」，「本」即指周文舊制，本失即亂政而亂世。

　　《左傳》昭公六年記載：

> 三月，鄭人鑄刑書。叔向使詒子產書，曰：「始吾有虞於子，今則已
> 矣。昔先王議事以制，不為刑辟，懼民之有爭心也。猶不可禁禦，
> 是故閑之以義，糾之以政，行之以禮，守之以信，奉之以仁，制為
> 祿位以勸其從，嚴斷刑罰以威其淫。……民知有辟，則不忌於上，
> 并有爭心，以徵於書而徼幸以成之，弗可為矣，夏有亂政而作禹刑，
> 商有亂政而作湯刑，周有亂政而作九刑。三辟之興皆叔世也。……
> 民知爭端矣，將棄禮而徵於書，錐刀之末將盡爭之，亂獄滋豐，賄
> 略并行，終子之世，鄭其敗乎，朕聞之：『國將亡，必多制』，其此

〔註2〕 依錢穆先生之看法，對春秋時代分為三期，一為霸前時期，二為霸政時期，三為霸政衰微時期，孔子正值春秋時代的晚期，是大夫專政之局，霸前時期的現象是共主衰微，王命不行，在霸政時期是列國內亂，諸侯兼併，引起夷狄橫行，在第三期霸政衰微是卿大夫代行，操權篡弒，形成大夫專政。見錢穆，《國史大綱》（台北：台灣商務印書館，1990年3月修訂十七版），頁315～350。

〔註3〕 《論語・季氏》。

之謂乎！」

由此觀之，周代政治秩序與禮教制度之面臨解體的具體事象為：一為刑重於禮，使得義、政、禮、信、仁之維繫人心之力量，綱紀蕩然無存；二為依周制，非夏殷的後裔不得封「公」，但到了春秋時代，諸侯多以「公」自居，而春秋後期的楚、吳、越等國之諸侯，甚至以「王」自稱。

再從《左傳》昭公二十九年的一段記載，亦可瞭解孔子對當世社會規範，禮制迷失的失望：

> 冬，晉趙鞅、荀寅帥師城汝濱，遂賦晉國一鼓鐵，以鑄刑鼎，著范宣子所為刑書焉。仲尼曰：「晉其亡乎？失其度矣！夫晉國將守唐叔之所受法度，以經緯其民，卿大夫以序守之，民是以能尊其貴，貴是以能守其業。貴賤不愆，所謂度也。文公是以作執秩之官，為被廬之法，以為盟主。今棄是度也，而為刑鼎，民在鼎矣，何以尊貴？貴何業之守？貴賤無序，何以為國？且夫宣子之刑，夷之蒐也，晉國之亂制也，若之何以為法？」

依沈剛伯先生之研究，從叔向、孔子兩人的話，可以得到下列幾點看法：

1. 古代不制刑書，縱有律文，也不公布出來使人周知。
2. 未經公布的條款，只可作統治者的參考，不算國法。
3. 三代都曾有過公布出來的刑書，但均行之不久便廢。
4. 古代所謂「法」者包括禮、刑在內，但所指的常禮多於刑。
5. 自鄭、晉相繼刑書公佈以後，刑遂成為國法。〔註4〕

再依《左傳》昭公二年，對於禮之重視「忠信，禮之器也，卑讓，禮之宗也。」的確是一明證。由孔子之批評來看，禮之價值義與規範義漸漸的沒落，刑重於禮的觀念與作為卻是有後來居上之勢，周文即建立在「禮」的價值因而產生次序與倫常應對之道，但當禮之價值流失，因禮所建立的制度也就搖搖欲墜。

《論語・八佾篇》記載：「季氏八佾舞於庭，是可忍也，孰不可忍也。」季氏為魯大夫，卻僭用了天子之禮樂，如果這件事還能忍之，試問天下何事不可容忍。說明了周禮的徹底受到破壞。

面對如此之變局，尤其是周文價值的全面崩潰，遂使孔子的思考範圍與

〔註4〕沈剛伯，〈從古代禮、刑的運用探討法家的來歷〉，收錄於《中國哲學思想論集總論篇》（台北，牧童出版社，1976 年 8 月初版），頁 222。

層次，從貴族下降而爲平民層次，因爲根據孔子自己所說，「以吾從大夫之後」
（《論語‧先進》），但其「少也賤」且「多能鄙事」，故其視野和對時政之批評及對周文之嚮往，愈顯得和其他諸子之不同，徐復觀先生說：

> 孔子自身，已由貴族下降而爲平民，較之當時貴族中的賢士大夫，可以不受身份的束縛，容易站在「一般人」的立場來思考問題，換言之，由貴族系譜的墜落，可以助他的思想的解放。……孔子則開始代表社會知識份子的自覺。〔註5〕

從世衰道微，禮壞樂崩的時代中，想去重建周文之價值，這是何等的艱難與何等的高貴情操，而孔子一生所追求的周文境界，到底是居於何種地位：

《左傳》昭公二年記載：「二年，春，晉侯使韓宣子來聘，且告爲政而來見，禮也，觀書於大史氏，見易象與魯春秋，曰：『周禮盡在魯矣，吾乃今知周公之德與周之所以王也。』」

再從《左傳》上的記載更能看出禮在春秋時代或稱在周文之地位是何等的重要。

> 禮，國之幹也。敬，禮之輿也，不敬則禮不行。（《左傳‧僖公十一年》）

> 禮，經國家、定社稷、序民人，利後嗣者也。（《左傳‧隱公十一年》）

> 禮，上下之紀，天地之經緯也，民之所以生也。是以先王尚之。（《左傳‧昭公二十五年》）

> 禮之可以爲國也久矣，與天地並。（《左傳‧昭公二十六年》）

> 夫禮，天之經也，地之義也，民之行也。天地之經，而民實則之。
> （《左傳‧昭公二十五年》）

禮不僅是一種道德觀念，行爲的準則，且是一切道德的依歸，禮的效用涵蓋了人倫的一切層次。孔子畢其一生，栖栖惶惶的實踐周文價值，可從下列的引述中了解周文在孔子心中之地位。

> 周監於二代，郁郁乎文哉，吾從周。（《論語‧八佾》）

> 如有用我者，其爲東周乎。（《論語‧八佾》）

對於文王和周公，他更表推崇：

> 文王既沒，文不在茲乎！（《論語‧子罕》）

〔註5〕徐復觀，《中國人性論史》（台中：東海大學，1963年4月初版），頁63。

甚矣，吾衰也，久矣，吾不復夢見周公。(《論語・述而》)

王國維先生在其〈殷周制度論〉謂周禮的制訂來由：

> 欲觀周之所以定天下，必自其制度始矣。周人制度之大異於商者，
> 一曰：立子立嫡之制，由是生宗法及喪服之制。並由是而有封建子
> 弟之制，君天子臣諸侯之制。二曰：廟數之制。三曰：同姓不婚之
> 制。此數者，皆周之所以綱紀天下。其旨則在納上下於道德，而合
> 天子諸侯卿大夫士庶民以成一道德之團體，周公制作之本意，實在
> 於此。」〔註6〕

王國維上述之看法，學者亦有不同意見〔註7〕，但對於周之綱紀天下，納
上下於道德，建立一道德團體，確立周文之價值義實有一清楚見解。

再言「古人言周制尚文者，蓋兼綜數義而不專主之謂。……周人以尊尊
之義經親親之義而立嫡庶之制，又以親親之義經尊尊之義而立廟制，此其所
以為文也。」〔註8〕「尊尊、親親、賢賢，此三者治天下之通義也。周人以尊
尊親親二義上治祖禰，下治子孫，旁治昆弟。而以賢賢之義治官。故天子諸
侯世，而天子諸侯之卿大夫皆不世。蓋天子諸侯者，有土之君也。有土之君，
不傳子，不立嫡，則無以弭天下之爭。卿大夫士者，圖事之臣也，不任賢，
無以治天下之事。」〔註9〕因此「制度典禮者，道德之器也。周人為政之精髓，
實存於此。」〔註10〕

王國維的分析甚為精闢，周有天下，其所憑藉即是周禮，從其制度形式
來看，是以周文的禮為典範，為道德而設，從字源來看，依許慎說文解字之

〔註6〕 王國維，〈殷周制度論〉，《觀堂集林》（台北：世界書局，1983年5月五版），
　　　　上冊卷第十，頁453～454。

〔註7〕 關於殷周制度之差異，非本文討論重點，張光直先生在〈從夏商周三代考古
　　　　論三代關係與中國古代國家的形成〉一文認為：「夏商周在文化上是一系的，
　　　　亦即都是中國文化，但彼此之間有地域的差異。……從新舊文字史料來看，
　　　　夏商周三代的文化大同而小異。……再從社會組織的特性和發展程度來看，
　　　　夏商周似乎都具有一個基本的共同特點，即城邑市的宗族統治機構。」原載
　　　　《屈萬里先生七秩榮慶論文集》（台北：聯經出版事業公司，1978年版），頁
　　　　287～306。但是，王國維先生認為中國政治與文化之變革，莫劇於殷周之際，
　　　　都邑者，政治與文化之標徵也。因此他認為「周人制度大異於商」，而張光直
　　　　先生則認為：「我們從廟號分析上對商王繼承法所得結論，適與王國維相反：
　　　　子繼為常，而弟及為變。」

〔註8〕 王國維，前引書，頁468。

〔註9〕 王國維，前引書，頁472。

〔註10〕 王國維，前引書，頁475。

解釋為「禮，履也，所以祀神致福也。從示從豐。」所以禮之名是起於事神，引申為禮儀的禮，周初的禮是由殷禮而來，便沿用殷所定的儀節，且由於殷人尚鬼，所以禮應可稱是祭祀的儀節〔註11〕，禮從「示」是代表一切與神祇有關之物，從豐即是在祭祀時二玉在器之刑，而把禮賦予新的價值義者即是周公，這也正是孔子推尊周公之原因〔註12〕禮之本義雖是祀神致福，但是「禮的觀念出現，乃說明在周初的宗教活動中，已特別注重到其中所含的人文因素，但此人文因素與祭祀不可分」。〔註13〕

孟子告公都子謂其學說直承三聖，亦是肯定周公之地位與貢獻。「昔者禹抑洪水而天下平，周公兼夷狄，驅猛獸而百姓寧，孔子成春秋，而亂臣賊子懼。」〔註14〕周公之主要建樹即在其制禮作樂，周監于夏殷二代，文教大興，建立禮樂之價值典範，透過禮治，使得封建制度進於一統，又使得宗法確立社會倫理，周公之定宗法而創封建，其意義即指「在使政治制度，俯就於社會倫理而存在。故政治上之一統，其最後根柢，實在下而不在上，在社會而不在政府，在倫理而不在權力也。」〔註15〕這套將「倫理」與「政治」結合

〔註11〕在《尚書‧洛誥》：「王肇稱殷禮，祀於新邑，咸秩無文」，「惇宗將禮，稱秩元祀，咸秩無文」、「四方迪亂，未定於宗禮」，另外再如〈君奭〉：「率惟茲有陳，保又有殷，故殷禮陟配天，多歷年所。」再如徐復觀先生認為「禮乃包括祭祀中整個行為，非僅指行禮之器，故禮字乃由豐字發展出來，但『禮』字除了繼承『豐』字的原有意義而外，實把祭祀的行為儀節也加到裡面去了。」參閱徐復觀，《中國人性論史》（台北：台灣商務印書館，1970 年 1 月版），頁 42。

〔註12〕錢穆先生認為就歷史真相而言外，中國古史中諸聖之歷史活動，僅當稱之中國古史中之聖話，未可一一遽視之為當時之信史。今若論人物個性之在歷史活動中，明顯居有主動地位，而此等歷史，又確可視之為信史者，就中國古史言，其人其事，皆當自周公始。參閱錢穆，〈周公與中國文化〉，《中國學術思想史論叢》（台北：東大圖書公司出版，1976 年 6 月版），頁 84。

〔註13〕徐復觀，前引書，頁 43。

〔註14〕《孟子‧滕文公下》。

〔註15〕宗法與封建之關係，在周文中殊為密切，除錢穆先生之言外，近人李澤厚認為「周禮」是以血緣父家長制為基礎（親親）的等級制度是這套法規的骨脊，分封、世襲、井田、宗法等政法經濟體制則是他的延伸擴展。李氏之論，亦頗客觀，請參閱李澤厚，《中國古代思想史論》（谷風出版社，1986 年 12 月出版），頁 10。另林義正在其所著〈論孔子所面臨的時代問題及其對治之道〉，《台大文史哲學報》第三十二期，1983 年 12 月出版，認為：周朝平天下之資具就是周禮，周禮根本是以宗法的倫理親情滋潤封建之尊尊的政治體制，企圖以親情「化解或支撐」權力的「緊張或運作」，結合「倫理」與「政治」為一體。綜觀上述三人之言，孟子謂周公為三聖之一，再看孔子所主張之「德治」和

爲一的制度，其實踐開展即是西周的盛世，而此盛世正是周文的具體化，當孔子面對混亂之諸現象，深刻的反思，而堅決倡議回復周文之制是其解決亂世之對策。

孔子對周文固極推崇，但並非盲目的，全盤的接受，亦有其一貫的態度。

> 殷因於夏禮，所損益，可知也。周因於殷禮，所損益，可知也，其或繼周者，雖百世可知也。（《論語‧爲政》）

> 禮云禮云，玉帛云乎哉？樂云樂云，鐘鼓云乎哉？（《論語‧陽貨》）

可見孔子對於禮的認知，並非僅注重形式，尤重內涵，而對於禮作適度之因革損益，不流於僵化形式，使禮賦有新義。透過禮樂文制，使吾人契悟禮樂形式的內在活潑的生命，使得人之心靈世界開發出周流圓融的生機。

「禮」固然爲孔子所重視之周文價值所在與規範，但是孔子並未忽視「樂」，「樂」的作用是達到生命的和諧，化解緊張與對立，從而規範人倫之秩序，而能與「禮」互相配合協進，教化民心，從《論語》中孔子有關於「樂」的談話，亦可找出孔子對於「樂」的內涵認知和期望。

1. 子語魯大師樂曰：「樂其可知也，始作翕如也，從之純如也，皦如也，繹如也以成。」（〈八佾〉）

2. 子謂韶，盡美矣又盡善也。（〈八佾〉）

3. 子在齊聞韶，三月不知肉味，曰：「不圖爲樂之至於斯也。」（〈述而〉）

4. 子曰：「興於詩，立於禮，成於樂。」（〈泰伯〉）

5. 禮樂不興，則刑罰不中。（〈子路〉）

6. 子路問成人。子曰：「若臧武仲之知，公綽之不欲，卞莊子之勇，冉求之藝，文之以禮樂，亦可以爲成人矣。」（〈憲問〉）

孔子所要建立的人間秩序，從「興於詩，立於禮，成於樂」便可看出，他稱讚韶樂爲盡善盡美，在齊聞韶三月不知肉味，如果僅有禮而無樂，或僅有樂而無禮，皆無法完整的表達出人文世界的次序和美感，即如《禮記‧樂記》所謂：「故禮以道其志，樂以和其聲，政以一其行，刑以防其姦。禮樂刑

「禮治」的觀念，無非是以周公制禮的理想爲儒家之理想，因此倫理宗法便成爲政治一統的基礎。

政，其極一也，所以同民心而生治道也。」禮、樂、刑、政他們的目標既是一致，因此在人倫教化上，缺一而不可，否則即有「禮樂不興，刑罰不中」的憂慮。如果興禮樂，中刑罰，人倫秩序安排有其法度和分寸，亦能建立起「樂至則無怨，禮至則不爭，揖讓而治天下者，禮樂之謂也。」（《禮記·樂記》）

由此可見，孔子非單獨重視禮之價值，對於樂亦不偏廢，由個人角度言，成德之教是興於詩（孔子以詩書禮樂教育弟子），激發其修德之心志，故有「士志於道而恥惡衣惡食者，未足與議也。」（〈里仁〉），曾子所言：「士不可以不弘毅，任重而道遠。仁以爲己任，不亦重乎？死而後已，不亦遠乎！」（〈泰伯〉），進而教之以禮，重新樹立周文價值和倫常秩序，最後以樂觀成，達到移風易俗，和諧一體，即是孔子所說的，「文之以禮樂，亦可以爲成人矣。」（〈憲問〉）其次再由社會全體而言，把「禮樂刑政」四者合一，則「王道之治」（《禮記》語）可出，禮節和諧的秩序一經建立，實有益於政教之推移，於是由個人言，是成人，成德之教中不可缺少的一個條件，以此爲基，擴而大之，亦成就了社會全體之和諧、謙讓與敦睦。

第二節　從《論語》中孔子與隱者之遇看儒學精神

依據上節的客觀考察，得知：因周文之解體，禮壞樂崩，禮樂文制在孔子時雖猶殘存，但已成爲僵化的形式，已離周文本義甚遠，使人們浮沈於現實利害曲折之中而無以自立，孔子的種種努力及其目標，乃是建立一套安身立命之價值系統，雖然親親與尊尊已不再是維繫社會結構之主要力量，但是發揮周文價值，即成其主觀之願望。五十五歲時，孔子去魯適衛〔註16〕，周遊列國，宣揚其仁學理念與價值，六十八歲時，受魯季康子之召而返魯，十四年在外期間，「伐樹於宋，削跡於衛，窮於商周，圍於陳蔡，受屈於季氏，見辱於陽虎。」〔註17〕而其理想未竟。但是在「諸侯奔走不得保其社稷者不可勝數，察其所以，皆失其本已。」〔註18〕這樣的情境下，正如隱者楚狂接輿的感嘆「已而已而，今之從政者殆而！」〔註19〕

〔註16〕孔子去魯適衛，是因爲魯國季孫氏，孟孫氏和仲孫氏三家專權，而魯定公又無能作爲，任其朝政腐敗，孔子對此甚表失望。
〔註17〕見《列子》。
〔註18〕司馬遷，《史記·太史公自序》。
〔註19〕《論語·微子篇》。

　　從《論語》中所出現與孔子相遇的隱者〔註 20〕，皆是退隱山林，過著怡淡的生活，而他們與孔子相遇亦是事出偶然，因此在《論語》中皆無法得知其姓名字號，就《論語》中隱者之言，有如下數則：

（一）微生畝謂孔子曰：「丘何為是栖栖者與？無乃為佞乎？」孔子曰：「非敢為佞也。疾固也。」（〈憲問〉）

（二）子路宿於石門，晨門曰：「奚自？」子路曰：「自孔氏」，曰：「是知其不可為之者。」（〈憲問〉）

（三）子繫磬於衛，有荷蕢而過孔氏之門者，曰：「有心哉！繫磬乎。」既而曰，鄙哉，硜硜乎，莫己知也。斯己而已矣。深則厲，淺而揭，子曰：果哉，末之難矣。」（〈憲問〉）

（四）楚狂接輿歌而過孔子，曰：「鳳兮！鳳兮！何德之衰！往昔不可諫，來者猶可追。已而！已而！今之從政者殆而！」孔子下，欲與之言，趨而避之，不得與之言。（〈微子〉）

（五）長沮桀溺耦而耕，孔子過之，使子路問津焉。長沮曰，夫執輿者為誰。子路曰：為孔丘，曰：是魯孔丘與，曰，是也。曰，是知津矣。問於桀溺，桀溺曰，子為誰曰，為仲由，曰，是魯孔丘之徒與。對曰，然，曰，滔滔者天下皆是也。而誰以易之？且而與其從辟人之士也。豈若能從辟世之士哉。耰而不輟，子路行以告。夫子憮然曰：鳥獸不可與同群，吾非斯人之徒與而誰與。天下有道，丘不與易也。（〈微子〉）

（六）子路從而後，遇丈人以杖荷蓧，子路問曰：「子見夫子乎？」丈人曰：「四體不勤，五穀不分，孰為夫子？」植其杖而芸。子路拱而立，止子路宿，殺雞為黍而食之。見其二子焉。明日，子路行以告。子曰：「隱者也」，使子路反見之，至則行矣。子路曰：「不仕無義，長幼之節，不可廢也。君臣之義，如之何其廢之。欲絜其身而亂大倫。君子之仕也，行其義也。道之不行，已知之矣。」（〈微子〉）

〔註20〕隱者一詞，語出《論語‧微子》，《論語》中出現之隱者其姓名，字號皆不詳，其所記載者皆為言談涉及之物、地、色，如荷蕢、晨門、長沮、桀溺、丈人等名。而本節之靈感及探究方向，則受教於曾春海教授所著〈從論語孔子與隱者之遇觀孔學之精神與旨趣〉一文的啟發，見《儒家哲學論集》（台北：文津出版社，1989 年 5 月出版），頁 1～15。

　　從以上六段之記載，可以發現，隱者對孔子之批評，有兩種類型，「一為疾詞譏諷型，二為善意規勸型」〔註21〕不管是「滔滔者天下皆是」或是「為佞」，抑或是勸告孔子「往者不可諫，來者猶可追」的責難或忠告，孔子很明顯的表現出「是知其不可而為」的生命精神，依〈憲問〉：「賢者辟世，其次辟也，其次辟言。」論語中所出現的隱者面對天下無道，而能潔身自好，可說是辟世者，借由他們的批評，而顯示出在當時社會的一股清流，隱者之言亦有暮鼓晨鐘之警語。

　　其次，吾人再看孔子對隱者之言的回答，是十足的表現出一個富有正義感與良知的士，面對不義與敗德之惡行，如何能激發道德勇氣，挺身而出。孔子對微生畝的指責，他說：「非敢為佞也，疾固也。」（〈憲問〉）另外在〈微子〉說：「鳥獸不可與同群，吾非斯人之徒與而誰與！天下有道，丘不與易也。」這也可看出孔子不苟同隱者辟世隱逸山林之消極做法，雖明知不可為，但基於內在良知的要求，不能不這麼做。孟子的一段話，適足以說明這樣的心境，孟子：「我亦正人心，息邪說，距詖行，放淫辭，以承三聖者，予豈好辯哉！予不得已也！」〔註22〕這種使命感的驅使，而不得不然。

　　隱者對孔子之批評是顯示出客觀實存環境的困難與惡劣，但從孔子的回答中卻可洞察出孔子其努力之內在動力根源，使得孔子能不計較得失的付出，達成理想的實現，其內在的動力根源何在？

　　《論語‧陽貨》對於孔子之內在動力根源有了較具體的描述，以人心之「安」與「不安」來突顯知識份子面對困境的努力。

> 宰我問：「三年之喪，期已久矣！君子三年不為禮，禮必壞，三年不為樂，樂必崩。舊穀既沒，新穀既升，鑽燧改火，期可已矣！」子曰：「食夫稻，衣夫錦，於女安乎？」曰：「安！」「女安則為之」。夫君子之居喪，食旨不甘，聞樂不樂，居處不安，故不為也，今女安，則為之。」宰我出，子曰：「予之不仁也！子生三年，然後免於父母之懷。夫三年之喪，通喪也！予也有三年之愛於其父母乎！」

　　宰我之問所顯示的人若已無「悱惻之感」〔註23〕可說是一個麻木不仁的

〔註21〕曾春海，前引書，頁4～5。

〔註22〕見《孟子‧滕文公下》第九章。

〔註23〕牟宗三先生把《論語‧陽貨》宰我問三年之喪，孔子答覆為何仍然主張三年之喪，孔子說：「君子之居喪，食旨不甘，聞樂不樂，居處不安……」之「不安」解釋為「悱惻之感」，亦即孟子所謂惻隱之心或不忍人之心。「悱惻之感」

人，生命存生的意義與價值已不重要，而孔子卻直指人心，問人心之「安不安」，孟子所說之惻隱之心或不忍人之心，即是此義之引申，沒有了悱惻之感的心，可說是麻木不仁，是非人也。

孔子周遊列國，圖救世之弊，其出發點乃是人心之不安，客觀環境卻不是個人人皆能深切體認，當下理解「食旨不甘，聞樂不樂，居處不安」的真實意義。人之心要怎能安呢？就個人自我而言，道德勇氣之有無，即是人心之安不安，麻木之人，對此困局，亦只能視而不見，毫不受影響，亦無當下動容之氣，故「安」，安其蔽，固其心不仁。「人而不仁，如禮何！」（〈八佾〉）這種真實的生命感情如果不能挑起，又何能深切體會「知其不可而為之」的意義呢？而「知其不可而為之」即是要去創造出人我融通和諧的情境，人心才能安啊！如果去除了人心之不安與道德使命感的承擔，則孔子與隱者亦無多大差別，因為有了「不安」的悱惻之感，生命中才能充滿著無限亦莊嚴又悲壯的神聖感，創造文化的基業於不墜。此處正也可以看出，孔子對於「人」這一存有所做的肯定，其生命活動的主要動力來源，即是內在於人性深處好善惡惡的價值意識，特別是強調是非之分的道德意識，沒有「價值意識與道德意識」〔註 24〕人之存有可能僅是情欲生命或是麻木不仁之行屍走肉而已，而「仁」正是推動人類文明進步的源泉。

第三節　道德哲學之建立

孔子自述其一生學養進步之歷程，謂：「吾十有五志於學，三十而立，四十而不惑，五十而知天命，六十而耳順，七十而從心所欲，不踰矩。」（《論語・為政》）在生命成長的歷程來看，他少年即有志於學，對於周文價值之追尋，信而好古，述而不作，三十為何能立，指的是對於禮之真義已能把握，為人處事，知所遵循與操持故能立，價值自我既經建立，則由「立於禮」進步到「依於仁」，其意義為「禮重外在之行，仁根於內在之心」〔註25〕，這個

即是「覺」，有「覺」才有四端之心。見牟宗三，《中國哲學的特質》（台北：蘭台書局，1973 年 2 月出版），頁 29。

〔註 24〕孔子生命活動的主要動力來源，係內在於人性深處的好善惡惡之價值意識，其中好善的價值意識激發出理想境域的渴望和追求，惡惡的價值意識衍生出嫉惡如仇的不安不忍之情。見曾春海，前引書，頁 10〜12。

〔註 25〕高懷民，《先秦易學史》（台北：台灣商務印書館，1975 年 6 月出版），頁 217〜218。

過程總結而言是一個生命的自我實現之過程。「由十五歲的『志於學』、三十歲的『立』、到四十歲的『不惑』，是前半生的進步，以力學、吸收、追求為主，五十『知天命』以後，則以閱歷、體悟、融會為主。」〔註26〕

孔子之思想學說，是來自他深刻的生活體驗及身體力行的道德實踐原則，而論語便是其道德思想學說的立論根據，據班固《漢書‧藝文志》曰：

論語者，孔子應答弟子、時人及弟子相與言而接聞於夫子之語也。

當時弟子各有所記，夫子既卒，門人相與輯而論纂，故謂之論語。

《論語》為孔子思想之主要核心，若加上孔子其他之著作，吾人可以發現，以《論語》為中心而向外延伸而形成孔子哲學之體系，其中之對話言雖似精簡，表面上看來不夠系統化，或是缺乏嚴密的論證，但其整個學說之核心與重點卻非常突顯，從道德德目之認知，實踐的準則與規範，建立成功的道德修養之次第進階，如何踐仁，如何成就君子聖賢之偉大道德人格，在在顯示孔子哲學對於重重複雜的人際關係，有其一貫與之對應的道德原則和理想境界之追求，所以由前述孔子自述其學養進步之歷程，孔子之哲學稱之為「道德哲學」〔註27〕實為相稱。

成中英教授認為：「儒家在中國歷史中曾有許多不同的表達形式，不過在基本上，道德自我教育的必要和起碼的原則，天人的合一，為了個人的自我實現，要求社會秩序和政治和諧」〔註28〕。這些論點，皆受到普遍的肯定。因此，孔子之教是一種成德之教，它要人道道地地作為一個人。因此通過人的自覺、向上，來達到人格的完成，完成自己的德。

吾人認為孔子之哲學為道德哲學，由下列引述之談話即可見其一端：

子曰：志於道、據於德，依於仁，游於藝。(《論語‧述而》)

此處之道、德、仁、藝是孔子對人的道德生活宣示的普遍原則，也是人

〔註26〕高懷民，前引書，頁217～218。

〔註27〕對於孔子之哲學稱為「道德哲學」之敘述，孔子雖然沒有留下親撰之「道德哲學」的論著，但透過論語中孔子與其弟子之對話所顯示之言行，卻很明顯的看出具體實踐道德之途徑與指點要領，從中所訓示之立身處世之道，尤重實踐的方法，後代的儒者不斷的反思，體證與發揚，而使孔子之道德哲學成為中國文化之特性。因此孔子之道德哲學的特性，正是以道德實踐來彰顯個體自我生命存在的意義和價值，使生命「行之乎仁義之塗」。

〔註28〕成中英教授認為：「儒家時代的開始為孔子明白承認外在天和人內在的德（德性、力量）有一種本質上的連結，人應該以一種等級性的愛來愛他人，以此成就我們所固有的普遍人道。」見成中英，〈中國哲學的特性〉，《中國哲學與中國文化》（台北：三民書局，1981年1月再版），頁177～210。

之道德生活的四大坐標和標準，「道」是吾人道德生活的理想型態，亦是努力的方向和指引，根據道才能心正而不他，故為學為人先求其立志，而「德」是吾人實際生活中從「道」中得到的「德」，而「仁」與「藝」即成為吾人道德生活的內外依據，有其先後秩序，人因而能擺脫本能形軀之限制，走向「道德人」之境界。

朱子曰：

> 此章言人之為學當如是也。蓋學莫先於立志，志道則心存於正而不他。據德則道得於心而不失，依仁則德性常用而物欲不行。游藝則小物不遺而動息有養，學者於此，有以不失其先後之序，輕重之倫為，則本末兼該，內外交養，日用之間，無少間隙，而涵泳從容，忽不知其入於聖賢之域矣。〔註29〕

一般而言，說吾人之生命有其意義，乃是人能擺脫、拋棄物欲、形軀之限制，而創造主體之自由，作一道德主體，亦即是人是一主體，因道德生活之涵泳，而在道德的方向上，培育自己，發展自我，因此道德內化於吾心，仁禮有其道德秩序，因此孔子在中國文化上的重要性乃在於他「堅持人能夠成為一充分的主體，因為人有主體的性質，生命就有意義，而在關係之網的自己實際作為中，有力量追求完滿。」〔註30〕

縝密繁複的周代禮樂文制，在失去相應的時代條件及內在人性的根據下，已流於僵化的形式，徒靠典章制度、律令、刑罰、已不足發揮安治天下的功用，和解答人生困惑，安身立命免於顛沛流離之苦悶，於是孔子提出「道德性的要求」，以規範人際關係的社會秩序。

周弊之亂源——人性沈淪，故必需引發人內在的道德自覺，透過修養以發展道德生命，藉著禮，來提昇人內在的道德意識，通過人的自覺達到人格的完成。

《論語》一書中所呈現的是以一群道德觀念為核心的思想，吳康先生認為「可曰道德哲學，此諸觀念，以仁為主，以孝弟忠恕禮樂義利為從，故仁為基本觀念，而後者，則環仁而嬗生，而為其許多之分目，是次級觀念或從屬觀念。」〔註31〕又說：「孔子之道哲學，與老子之形而上學，開中國哲學史

〔註29〕 朱熹，《四書集註》（台北：藝文印書館，1980 年 5 月五版），論語集註卷四。
〔註30〕 成中英，前引書，頁185。
〔註31〕 吳康，《諸子學概要》（台北：正中書局，1969 年 4 月台初版），頁8。

之先河。孔子上承古代文化，闡發人道思想，以道德基本觀念，爲其立說之中心，蔚爲人道哲學（人文哲學），即廣義的道德哲學之偉大系統也。」〔註32〕道出了孔子哲學之特色。

方東美先生認爲「儒家的哲學理論卻是著眼於人類在本能、情感、和慾望的實際需要。一個自然人，必須在這方面得到適度的滿足，但這樣的滿足只是暫時的，他們爲了準備能繼續的得到眞正的滿足，便必須著重於心性修養和人格的昇華。……如果通過了倫理的教化，卻可以爲善。也就由於這點向善的潛能，可使自然人變化氣質而爲有道德的君子。這種道德的陶冶並非由外力的強制，也非由奇特的咒語，而完全是一種理性的磨鍊。」〔註33〕

就個人之修德而言，孔子提供了整個道德哲學的豐富內涵，並依每個弟子之悟性才情，給予不同意義和價值定位，這套道德修養的進程是「己立立人，己達達人」，引申到政治範圍，道德與政治更是密不可分。

道德哲學在政治的實踐層面，孔子一語道破政治與道德的關係：

爲政以德，譬如北辰，居其所而眾星拱之。（〈爲政〉）

孔子答季康子問，曰：「政者正也，子帥以正，孰敢不正？」（〈顏淵〉）

季康子欲殺無道以就有道，孔子告之曰：「……子爲政，焉用殺？子欲善而民善矣，君子之德風，小人之德草，草上之風必偃。」（〈顏淵〉）

其身正，不令而行，其身不正，雖令不從。（〈子路〉）

因此由身正而推正令行，由個人之道德修持，實踐到政治之施行上，德治之思想便呼之欲出。子曰：「道之以政，齊之以刑，民免而無恥。道之以德，齊之以禮，有恥且格。」（〈爲政〉）

此處之政與刑，僅能在消極面達成部份效果，充其量只是使人民苟且免於罪罰，但並無法使人民建立犯罪爲恥之心，犯罪時有可能，如此之政與刑，是無法解決人心之安頓。從積極面而言，《大戴記·禮察篇》說：

以禮義治之者積禮義，以刑罰治之者積刑罰。刑罰積而民怨倍；禮義積而民和親。故世主欲民之善同，而所以使民之善者異。或導之

〔註32〕吳康，前引書，頁7。

〔註33〕方東美，〈從比較哲學曠觀中國文化裡的人與自然〉，《生生之德》（台北：黎明文化公司，1987年7月四版），頁273。

以德教，或敺之以法令。導之以德教者，德教行而民康樂。

因此，從《論語》的師生對話與評論中，可以看到一種對存有者共同有效的道德要求，進德修業，而臻於完善之境。每個人皆有此種道德意識，而不是僅在爲政者身上，因此其道德要求是具普遍性，並且要求從每個人身上做起；以「仁」爲基礎，讓吾人之道德生活層面，涵蓋了道，德、仁、禮，內外兼備感通，看出外在的天（道）和自我內在的德，在本質上的關連且密不可分，人要成就普遍的人道，人是要成己成人，成人成己，因爲有了這樣的道德覺醒，吾人發現自我和外在的天、他人之關係建立，是在道德實踐的過程中完整的聯繫在一起，這樣的哲學，在「禮壞樂崩」的時代裡是相當特殊而有其意義。

第三章 仁之基本意涵

第一節 《論語》「仁」之意義

　　清儒阮元所作〈論語論仁論〉云：「孔子爲百世師，孔子之言，著於論語
爲多。論語言五常之事詳矣，惟論仁者凡五十有八章，仁字之見於論語者凡
百有五爲尤詳。」〔註 1〕從外延的觀點來了解仁，「仁」是《論語》一書中的
重要觀念，因此說「仁」是孔子學說的核心觀念，大致上受到肯定〔註 2〕。

〔註 1〕阮元在〈論語論仁論〉中，其研究的態度是「詮解仁字，不必煩稱遠引」，他
　　　　認爲：「孔門所謂仁也者，以此一人與彼一人相人偶，而盡其敬禮忠恕等事之
　　　　謂也。」這個觀點亦是從《中庸》「仁者，人也」而來，鄭康成注：讀如相人
　　　　偶之人。阮元並進一步補充：「凡仁必於身所行者驗之而始見，亦必有二人而
　　　　仁乃見。」請參考阮元，〈論語論仁論〉，《揅經室上集》（台北：世界書局，
　　　　1982 年 3 月再版），頁 157。
〔註 2〕學者以爲「仁」是孔子學說的核心，舉例如下：
　　　(1) 徐復觀先生認爲：孔學即是仁學，孔子乃至孔門所追求，所實踐的都是以
　　　　　一個仁字爲中心。見徐復觀，〈釋論語的「仁」──孔學新論〉，《中國思
　　　　　想史論集》（台北：時報文化出版公司，1985 年 11 月初版二刷），頁 355
　　　　　～378。
　　　(2) 吳康先生認爲：仁爲孔子思想之主要觀念，論語中記孔子言仁者凡四十餘
　　　　　處。仁是共相，是一通義。見吳康，《孔孟荀哲學》上冊（台北：台灣商
　　　　　務印書館，1987 年 10 月五版），頁 25～41。
　　　(3) 陳榮捷認爲論語四百九十九章，其論仁者達五十八，十分超一。仁字共用
　　　　　一百零五次，遠出乎孝、弟、天、禮等字之上，顯爲孔子所常言，見陳榮
　　　　　捷，〈仁的概念之開展與歐美之詮釋〉，收錄於項維新、劉福增主編，《中
　　　　　國哲學思想論集·先秦篇》（台北：牧童出版社，1977 年 5 月再版），頁 1
　　　　　～16。

而把「仁」提昇到一個無與倫比的地位上，則自孔子開始，屈萬里教授說：「東周以來，雖已經有了仁字，而且雖也把仁當作一種美德，但強調仁字，使他成爲做人的最高準則，使他成爲一個學說，則實從孔子開始。」〔註3〕

　　吾人從《論語》一書中了解，孔子的仁不是從知識的觀點出發，所謂「爲知識而知識」的求眞理念，這不是論語的精神所在，「仁」它是要從行爲的實踐上，道德的要求上來表現，如果人心不去發現，人沒有這種自反自覺，沒有這樣的覺悟，「仁」的價值義是無從顯現的。孔子本身是道德的實踐者，其論仁是因人、因時、因地、因事之不同而有所不同，所以從論語中的記載，就其語意而言，是「道德實踐的指點語，而非界定語」〔註4〕，實爲不錯。因此，「仁」的內涵即隨著道德實踐行爲之多元而有不同的指點和不同的蘊涵。

　　吾人從外延「量」上的觀點來理解仁，用仁之出現次數與孔子談仁的多次，以證明仁的價值義，恐還未能適確的說明「仁」爲孔學之核心觀念，試

---

(4) 勞思光先生認爲：「仁觀念是孔子學說之中心，亦是其思想主脈之終點。」見勞思光，《中國哲學史》（一）（台北：三民書局，1981年2月初版），頁47。

(5) 高懷民教授認爲：述孔子之學「離不開『仁』，『仁』是他學說中心，也是他內在精神的原動力。」見高懷民，《中國先秦與希臘哲學之比較》（台北：中央文物供應社，1983年12月出版），頁142～144。

〔註3〕屈萬里先生認爲，仁字在古代經書之出現情形，詩三百篇中只出現二次，尚書二十八篇中只有一個仁字；甲骨文中則根本沒有。但強調仁字，使他成爲做人的最高準則，則實從孔子開始。請參閱屈萬里，〈仁字涵義之史的觀察〉，《孔子研究集》（台北：中華叢書編審委員印行，1960年），頁273～285。而許慎之《說文解字》對仁字之解釋爲：「仁，親也，眾人二。」清代段玉裁註釋爲：「……相人耦也……按人耦猶言爾我，親密之詞。獨則無耦，耦則相親，故其字眾人二。」請閱段玉裁，《段氏說文解字註》，經韻樓刊本（台北：啓明書局，1961年出版），第八篇上。此外「中國儒學辭典」對「仁」之解釋爲：儒家倫理哲學的中心範疇和最高道德準則。最早見于「尚書、金縢」之「予仁若考」指才能與美德。請參閱趙吉惠、郭厚安主編，《中國儒學辭典》（遼寧省新華書店，1988年12月第一版），頁608。但是「金縢」篇之原文爲：「……予仁若考，能多材多藝，能事鬼神……。」而屈萬里先生對「予仁若考」則註爲「我仁厚又孝順」，可見把「予仁若考」解釋爲「才能與美德」並非其原義，請參閱屈萬里，《尚書今註今譯》（台北：台灣商務印書館，1988年8月十二版），頁85。

〔註4〕曾春海教授言：「雖然論語中談仁的地方不下百餘處，然而卻不易發現明確的定義。蓋孔子爲實踐的道德家，其論仁乃因人、因時、因地、因事之不同，而有所指點，因此「仁」詞在論語中只道德實踐的指點語，而非界定語。」請見曾春海，〈論語中禮義與仁的關係〉，收錄於《儒家哲學論集》（台北：文津出版社，1990年5月出版），頁21。

從內涵層面深入剖析：

一、從「仁」的高遠目的而言

> 君子道者三，我無能焉。仁者不憂，知者不惑，勇者不懼。(〈子罕〉)

> 君子去仁，惡乎成名。君子無終食之間違仁。造次必於是，顛沛必於是。(〈里仁〉)

「仁」是有德的君子一刻也不能背離的，即使是在環境惡劣之時，仁是必須把握而且不變的價值，從《論語》中，吾人瞭解孔子一生的努力是在恢復周文的價值，重新建立「禮」的秩序與世界，但是如果禮沒有仁為基礎，這樣的禮終究僅是外在的客觀形式，甚至到最後形成僵化的形式，所以孔子說：「禮云，禮云，玉帛云乎哉！樂云，樂云，鐘鼓云乎哉！」(〈陽貨〉)「人而不仁如禮何？人而不仁如樂何？」(〈八佾〉)可見沒有仁內在於人文活動與仁心的體認，禮樂僅具形式，它又怎能顯揚人性奮發向上之功能，豐富人文生命呢？

「仁」要求人不能一刻放鬆去實踐仁的意義和生命旨趣，但是仁又要如何呈現？

孔子說：「仁遠乎哉？我欲仁，斯仁至矣。」(〈述而〉)仁是一切操之於己，如果沒有透過自我的把握和肯定，人又怎能實踐仁的永恆性，一肩挑起這樣的重責呢？

二、從發揮「仁」的責任感而言

孔子的弟子曾子就把這個重責大任，說得非常清楚。

> 曾子曰：「士不可以不弘毅，任重而道遠。仁以為己任，不亦重乎，死而後已，不亦遠乎。」(〈泰伯〉)

子曰：「志士仁人，無求生以害仁，有殺身以成仁」(〈衛靈公〉)要付出自己寶貴的生命來完成仁，亦在所不惜，可見仁之難。

子曰：「民之於仁也，甚於水火，水火吾見蹈而死者矣，未見蹈仁而死者矣。」(〈衛靈公〉)

而這樣的目標實現之後，孔子卻又不敢以仁自居，他說：「若聖與仁，則吾豈敢。」(〈述而〉)就孔子當時在當時那樣環境的表現，即如《中庸》所言「仲尼祖述堯舜，憲章文武，上律天時，下襲水土。……」(〈三十章〉)這樣的成就。但是若要人去實踐「仁」時，孔子卻又勉勵弟子：「仁遠乎哉？我欲

仁，斯仁至矣。」（〈述而〉）仁是高渺超遠，但有時卻近在眼前，而其關鍵即在人是否有此自覺而已。

三、從孔子不輕易許人以仁而言

吾人依《論語》篇章之順序列出：

1. 或曰，雍也，仁而不佞。子曰：焉用佞，禦人以口給，屢憎於人，不知其仁，焉用佞。（〈公冶長〉）

2. 孟武伯問子路仁乎？子曰：不知也。又問，子曰：由也，千乘之國，可使治其賦也，不知其仁也。求也何如？子曰：求也，千室之邑，百乘之家，可使為之宰也，不知其仁也。赤也何如？子曰：赤也，束帶立於朝，可使與賓客言也。不知其仁也。（〈公冶長〉）

3. 子張問曰：令尹子文三仕為令尹，無喜也；三已之，無慍色。舊令尹之政，必以告新令尹，何如？子曰：忠矣。曰：仁矣乎？曰：未知焉得仁。崔子弒齊君，陳文子有馬十乘，棄而違之，至於他邦。則曰：猶吾大夫崔子也，違之。之一邦，則又曰：猶吾大夫崔子也，違之。何如？子曰：清矣。曰：仁矣乎？曰：未知焉得仁。（〈公冶長〉）

4. 子曰：回也，其心三月不違仁，其餘日月至焉而已矣。（〈雍也〉）

5. 憲問恥，子曰：邦有道，穀，邦無道，穀，恥也。克、伐、怨、欲、不行焉，可以為仁矣。子曰：可以為難矣，仁則吾不知也。（〈憲問〉）

6. 子曰：君子而不仁者有矣夫，未有小人而仁者也。（〈憲問〉）

7. 子路曰：桓公殺公子糾，召忽死之，管仲不死。曰：未仁乎。子曰：桓公九合諸侯，不以兵車，管仲之力也，如其仁，如其仁。（〈憲問〉）

從上述七則孔子的談話中，要真能達到仁之境界，或是從行為上來判斷其人所作所為是否真的達到「仁」的要求，孔子亦僅僅只有稱讚顏回「其心三月不違仁」，還有管仲的「如其仁，如其仁」；而其餘的弟子，孔子對他們的評價則是「不知其仁也」、「焉得仁」，由此可知孔子對其弟子們或時人之道德行為表現，以他的觀點來說，便有不同評語，顯示出對於「仁」的價值和何種人才能合適稱之，孔子的態度是非常嚴謹的，可以肯定的是他絕不輕易

許人以「仁」。

　　從道德實踐的理想境界而言，「若聖與仁，則吾豈敢」（〈述而〉），仁是人道德修爲的理想，是人格的一種偉大表現，但卻又是那樣的不容易獲得那至善的境界，這是一個永無休止的踐仁過程。因此，人在實然存在修己爲人的重重複雜的各種關係中，要格外的付出更多的關切和努力，才會有成就自我實現的可能性。因此吾人從上述三個層面，一則「仁之高遠目的」，二則「爲仁之責任感」，三則「孔子不輕易許人以仁」觀之，說「仁」爲孔學之核心概念是有其根據的。

　　從上述七則孔子的談話中，要眞能達到仁之境界，或是以行爲上判斷是否眞的達到「仁」，孔子亦僅僅只有稱讚顏回「其心三月不違仁」，還有管仲的「如其仁，如其仁」；而其餘的弟子，他說是「不知其仁也」，可見實踐之難，是故由以上三點觀之，「仁」實爲孔學之核心概念。

　　解答了上述問題之後，吾人即可更進一步的來分析「仁」多面的意義與內涵。

（一）「仁」即是愛人，這是對「仁」的解釋中最爲具體的

　　《論語・顏淵》所載孔子對於樊遲問仁的回答。樊遲問仁。子曰：「愛人。」問知。子曰：「知人。」（〈顏淵〉）另外在〈學而〉中，子曰：「道千乘之國，敬事而信，節用而愛人，使民以時。」此段之「節用而愛人」其內涵不似〈顏淵〉篇中，孔子直說仁爲愛人來得廣泛和精深。以愛釋仁，建立在人與人彼此的互動關係上，並且是互相成長，朱子認爲「愛人仁之施，知人知之務。」（《四書集註》，論語六）彼此互相依存的關係上所發展起來的價值系統，沒有了愛，倫理關係便無從建立。若再從許愼《說文解字》來看更爲清楚：「仁親也，眾人二」，仁表示了二人之間，你我之間的親密經驗，以此爲出發點而逐步推廣的友善關係。愛人是仁的表現，它是主體我主動地去關心照顧，給予別人，而愛的關係開展從何處開始呢？《論語》說：「孝弟也者，其爲仁之本歟！」（〈學而〉）、「君子務本，本立而道生」（〈學而〉）孝弟的情感，可說是人人皆有的同情共感，因此以孝弟爲本，逐漸的去發展我的生命，由親親而仁民，仁民而愛物，再看後來的孟子說：「仁者愛人」（〈離婁下〉），又曰：「仁者以其所愛，及其所不愛。」（〈盡心下〉），「仁者無不愛也」（〈盡心下〉）荀子說「仁，愛也」（大略），莊子說：「愛人利物之謂仁」（〈天地篇〉），更可得到一個觀念，仁的本質就是愛。「愛」是出自於我人內心的敬重，不

容己的關注所愛者，輔助成全所愛之對象，我人自身的生命意義與滿足亦從此一歷程中獲得實現，此種愛的真摯流露及其生命發展，即如《中庸》所言：「唯天下至誠，為能盡其性，能盡其性，則能盡人之性，能盡人之性，則能盡物之性，能盡物之性，則可贊天地之化育，可以贊天地之化育，則可以與天地參矣。」假設沒有了仁，沒有了愛，則此種胸襟和感情即無從產生，此之謂不仁。

（二）仁是眾德的總稱，或稱為統攝諸德〔註5〕，它更是理想的道德人格

在《論語》中，孔子對於弟子之間，就「仁」之內涵而言，無固定程序可循，而孔子一生便以「自覺覺人」的生命態度行道，因此孔子的當機指點，使得「仁」顯示其多面層的意涵，這從下列孔子與其弟子之對答可以得佐證：

1. 子貢曰：「如有博施於民，而能濟眾，何如？可謂仁矣？」子曰：「何事於仁，必也聖乎！堯、舜其猶病諸。夫仁者，己欲立而立人，己欲達而達人，能近取譬，可謂仁之方也已。」（《論語‧雍也》）

2. 樊遲問仁，子曰：「仁者先難而後獲，可謂仁矣。」（《論語‧雍也》）

3. 顏淵問仁，子曰：「克己復禮為仁，一日克己復禮，天下歸仁焉。為仁由己，而由人乎哉！」（《論語‧顏淵》）

4. 仲弓問仁，子曰：「出門如見大賓，使民如承大祭，己所不欲，勿施於人。……」（《論語‧顏淵》）

5. 司馬牛問仁，子曰：「仁者其言也訒。」（《論語‧顏淵》）子曰：「剛毅木訥近仁」（《論語‧子路》）

6. 樊遲問仁，子曰：「居處恭，執事敬，與人忠，雖之夷狄，不可棄也。」（《論語‧子路》）

7. 子張問仁，子曰：「能行五者於天下，為仁矣。」請問之，曰：「恭、寬、信、敏、惠。恭則不侮，寬則得眾，信則人任焉，敏則有功，

〔註5〕仁是眾德的總稱，是賦予仁道這個觀念具有包容一切德目的內涵，其他諸德為從「仁」所出。陳榮捷教授認為：「仁于孔子不只為諸德之一，仁乃諸德之全。此爲孔子破天荒之觀念，為我國思想上一絕大貢獻。」請見陳榮捷，〈仁的概念之開展與歐美之詮釋〉，《中國哲學思想論集》（台北：牧童出版社，1977年5月再版），頁1～3。

惠則足以使人。」（《論語・陽貨》）

8. 子曰：「仁者必有勇，勇者不必有仁。」（《論語・憲問》）

從上述八段的引文中，吾人發現仁的確包涵了眾德，如「仁者己立立人，己達達人」、「仁者先難而後獲」、「克己復禮爲仁」、「己所不欲，勿施於人」、「仁者其言也訒」、「剛毅木訥近仁」、「恭、敬、忠」也是仁，「恭、寬、信、敏、惠」亦是仁，「仁者必有勇」，從這些德行的表現來說，他們都是仁，皆是仁的多元展現，亦爲仁所涵攝，可見仁爲眾德之總稱，絕不是因德目的累積和量的增加，而是主體我透過道德實踐奮鬥的全程，而在這實踐的過程中，這些不同所指的德目，是具體地凸顯仁之意義與價值，亦可說是經由此階梯，而逐步地到達仁的境界，即如陳大齊先生所言：「仁之爲眾德的總稱，是綜合眾德爲一個整體，兼具眾德的內容。」〔註6〕

孟子說孔子爲聖之時者也，是恰如其分，恰如其所的相機指點，而不重視德目的形式規約，以具體之情境時地事物，指點人心之蔽，而能當下切中問題核心，仁之超越原則不可動搖，而仁之實現卻不能不照顧到現實之差異，此正是孔子之偉大處。

（三）仁是存在的自我主體之內在道德自覺

《論語》中對於「己」這樣的觀念，在吾人今日研究仁之意義時，是有極大的意義和價值〔註7〕，《論語》中對於「己」主體我的敘述，蘊涵著一種動力，我——自我主體是一發動者，仁是此種動力的內在泉源，此種價值意識活動之發用，孔子之言：「唯仁者能好人，能惡人。」（〈里仁〉）即是顯明列子。自我主體的己之發用表現，是來自仁體的價值意識之推動，在《論語》中論到「己」之意思者，共有二十九處，扣除《論語》中有的「己」並非凸顯道德主體，如下數端正表現出這樣的意義：

1. 「夫仁者，己欲立而立人，己欲達而達人。能近取譬，可謂仁之方也已。」（《論語・雍也》）

2. 曾子曰：「士不可以不弘毅，任重而道遠。仁以爲己任，不亦重乎？

〔註6〕陳大齊，《孔子學說》（台北：正中書局，1987 年 11 月台初版第十一次印行），頁 119。

〔註7〕《論語》一書中，與存在的主體我（或稱自我主體）相關的使用字眼，其出現之次數如下：「吾」：一百十三次，「我」：四十六次，「己」：二十九次，「自」：二十次，「身」：十四次，「主」：五次，「私」：二次。此處之歸納是根據楊伯峻編者，《論語辭典》（台北：源流出版社，1982 年），頁 219～324。

死而後已，不亦遠乎！」（《論語・泰伯》）

3. 顏淵問仁，子曰：「克己復禮爲仁，一日克己復禮，天下歸仁焉，爲仁由己，而由人乎哉。……」（《論語・顏淵》）

4. 仲弓問仁，子曰：「出門如見大賓，使民如承大祭，己所不欲，勿施於人。……」（《論語・顏淵》）

5. 子貢問曰：「何如斯可謂之士矣。」子曰：「行己有恥，使於四方，不辱君命，可謂士矣。」（《論語・子路》）

6. 子曰：「古之學者爲己，今之學者爲人。」（《論語・憲問》）

7. 子路問君子，子曰：「脩己以敬」曰：「如斯而已乎」曰：「脩己以安人」曰：「如斯而已乎」曰：「脩己以安百姓。脩己以安百姓，堯舜其猶病諸。」（《論語・憲問》）

8. 子曰：「君子求諸己，小人求諸人。」（《論語・衛靈公》）

孔子對子貢所問的「仁」，孔子的回答是「己欲立而立人，己欲達而達人」，此處之「己」正是指存在的主體我，道德行爲的先決條件，即是建立主體性，於我人之內在生命中，以自我的角度和認知判斷，建立道德實踐的自主，方有可能達到踐仁的境界。而「欲」則是主體我抉擇的欲求，是道德實踐過程中自主自決的立場與態度，它導引自我主體之欲求與價值實現。己之「立」是指價值實現之後，自我主體絕然自立而足以無倚，己之「達」是感通天地人我而能通達顯眾，再加以「能近取譬」之方的次序選擇，從此心、此身及其他客觀條件，由近及遠實現己達己立、立人達人，若再看〈陽貨〉之記載，即見清晰：

子張問仁，子曰：「能行五者於天下，爲仁矣。」請問之，曰：「恭、寬、信、敏、惠。」（〈陽貨〉）

可見就個人之存在主體而言，能行才是決定並實現那種欲求可能性的關鍵，要彰顯「仁」之意義，必須扣住存在的生命的主體（己）才能顯示出意義，「爲仁由己」即明白表達，「爲仁」絕不是由他人所決定，所約束，也不是因爲外力之強制，而是由我所決定，自覺到以仁爲己任。因此當宰我問三年之喪，所顯示的不仁，即可看出孔子對「仁」之重視：

宰我問：「三年之喪，期已久矣，君子三年不爲禮，禮必壞，三年不爲樂，樂必崩，舊穀既沒，新穀既升，鑽燧改火，期可已矣！」子

曰：「食夫稻，衣夫錦，於女安乎？」曰：「安！」「女安則爲之，夫
君子之居喪，食旨不甘，聞樂不樂，居處不安，故不爲也，今女安，
則爲之。」宰我出，子曰：「予之不仁也，子生三年，然後免於父母
之懷。夫三年之喪，通喪也，予也有三年之愛於其父母乎！」

可見宰我之不仁，即是失去自我主體的意欲發展的可能性，違背了「仁」
的價值權衡，可說是失去了爲人之基本原則，當生命主體已因無仁之因子而
顯示出麻木不仁時，禮與樂已無法內存於主體我上，禮與樂無異是僵化的形
式，這個時候的主體因內無仁心，徒具禮樂之形，而無禮樂的實質精神，又
與麻木不仁無異，因此吾人發現孔子一生即是以其一貫的自覺覺人的態度教
育弟子，修己安人，來彰顯人之主體性，便爲其哲學之重心。

「仁」的概念由最基本的「愛人」到眾德總稱，再到存在的自我主體之
道德自覺，「克己復禮」與「爲仁由己」，其貢獻乃在孔子重振周禮並賦予之
哲學意義與基礎，仁所涵蓋的範圍，可說是包含了人與他人，人與自然，人
之自我的內在感通，而且我們視「仁」爲主體性的道德自覺覺醒，又是爲主
體我之肯定，因此由此種感通、覺醒與肯定，來導引出各種道德之規範，即
孔子對弟子之不同指點，進而來構建其人倫秩序與社會制度。進一步來說，
仁這種內在於主體我的德性生命之流，透過人的自覺自省，以「己」爲涵養
擴充之起點，人對自我的親切存養，〈里仁〉篇所謂：「不仁者，不可以久處
約，不可以長處樂，仁者安仁，知者利仁。」正足以表達仁之豐沛的生機與
動力，它是一種高貴的生命力，因而能在現實際遇中，因仁之生機作爲，展
現出人之高貴意義，以孟子的話來說：「富貴不能淫，貧賤不能移，威武不能
屈，此之謂大丈夫。」（〈滕文公〉）

第二節　《禮記》「仁」之意義

周公制禮作樂，孔子繼承周文，特別強調「禮」的重要性，周文之價值理
念的有效維持，端賴於禮之制度綱常，因此精研《禮記》之王夢鷗先生認爲：

禮記不但是打通儀禮周禮二書之內蘊的鑰匙，同時亦是孔子以後
發展至於西漢時代，許多孔門後學所共同宣說儒家思想的一部叢
書。〔註8〕

─────────────

〔註8〕王夢鷗先生認爲：禮記是儒家經典一部份，而且在早還只是那些經典中屬於

孔子在《論語‧泰伯》中說：「興於詩，立於禮，成於樂。」詩、禮、樂是人類情性的展現，因此禮是儀文的行為規範，他使得人能立己立人。因此《論語‧季氏》孔子謂：「不學禮，無以立。」禮的重要性由此可見，因此從前述之言，可得知：

1. 儀禮、周禮二書，向來被視為難讀的書，二戴記和它們相距的時代還不遠，而且其中大部份皆以禮的思想、制度為中心……。

2. 禮記是從孔子到西漢這段時間裡，相繼出現的儒家作品。

3. 禮記的性質，是發揚儒家思想的一部叢書。〔註9〕

而根據《十三經引得》對於《禮記》中出現的「仁」字之次數為一一〇次〔註10〕，除了《論語》之外，可說是對於「仁」作最多的探討。根據《禮記》對仁的記載和闡述，大致上吾人可分成如下幾個觀念：

（一）仁表示愛人

1. 「是故，聖人之記事也，慮之以大，愛之以敬，行之以禮，脩之以孝養，紀之以義，終之以仁。」（〈文王世子〉）

2. 「刑仁講讓。」（〈禮運〉）

3. 「自仁率親，等而上之，至于祖，名曰經。自義率祖，順而下之，至于禰，名曰重，一輕一重，其義然也。」（〈大傳〉）

4. 「仁以愛之，義以正之，如此，則民治行矣。」（〈樂記〉）

5. 子曰：「立愛自親始，教民睦也。」（〈祭義〉）

6. 「上下相親，謂之仁。」（〈經解〉）

7. 子言之：「仁有數，義有長短小大。中心憯怛，愛人之仁也，率法而強之，資仁者也。」（〈表記〉）

8. 「父母之喪，衰冠繩纓菅屨，三日而食粥，三月而沐，期十三月

「禮經」的一部份，「儀經」與「周禮」二書所記載的，都只是上古禮俗儀式和一套理想的建國制度，儒者欲借助那些禮俗儀文以淑世拯人的理想。請參閱王夢鷗，《禮記今註今譯》（台北：台灣商務印書館，1970 年 11 月初版），頁 2。

〔註 9〕楊慧傑，《仁的涵義與仁的哲學》（台北：牧童出版社，1975 年 3 月初版），頁 123～124。

〔註10〕〈禮記〉，《十三經引得》（台北：宗青圖書公司，1990 年 1 月初版），頁 593～594。

而練冠，三年而祥，此終茲三節者，仁者可以觀其愛焉，知者可以觀其理焉，強者可以觀其志焉。」（〈喪服四制〉）

9. 義與信，和與仁，霸王之器也，有治民之意，而無其器，則不成。」（〈經解〉）

10. 「戴仁而行，抱義而處。」（〈儒行〉）

11. 用人之知去其詐，用人之勇去其怒，用人之仁去其貪。（〈禮運〉）

12. 厚於仁者薄於義，親而不尊，厚於義者薄於仁，尊而不親。（〈表記〉）

13. 主人者，接人以仁，以德厚者也。（〈鄉飲酒義〉）

14. 養老幼于東序，終之以仁也。（〈文王世子〉）

上述這十四條目中，可以理解《禮記》中的仁之基本意義即在「愛人」。愛人是以血緣感情為出發點，「孝弟」即是本，透過忠恕之道，把血緣情感推廣至他人與社會。因此，「上下相親是仁」、「仁以愛之」，「自仁率親，等而上之至于祖。」「仁有數，義有長短大小，中心憯怛，愛人之仁也。」以愛來解釋仁，並因者仁之動力，而使得愛人的關係逐級擴展，使得仁貫穿我與同具血緣關係的他人或團體，所以《禮記》中提到自仁率親，等而上之，自義率祖，順而下之，此處之仁是循著天性中的恩情和愛人的胸襟，去體會出愈接近於自己的就愈親近，經過這一級一級的上溯，到了愈遠的祖先，愛的恩情就淡了。但根據理智的判斷，沒有祖先就無我，一代一代的推算，愈早的祖先就愈重要了。在這一上一下之間，顯示出仁上下相親，而顯示倫理生活的意義與倫理價值，因此每個人皆有「仁」之內在價值，仁才能是「天下之表」（〈表記〉），仁才是天下共同遵守的規範。

仁既是天下之表，要從何處開始，禮記中的意思是「立愛自親始，教民睦也。立敬自長始，教民順也。教以慈睦，而民貴有親，教以敬長，而民貴有命，教以事親，順以聽命，錯諸天下，無所不行。」（〈祭義〉）此皆為《論語》「孝弟也者，其為仁之本與！」的發揮。

（二）仁者人也，它是道德自我的挺立

1. 子曰：「仁有三，與仁同功而異情。與仁同功，其仁未可知也；與仁同過，然後其仁可知也。仁者安仁，智者利仁，畏罪者強仁。仁者右也，道者左也。仁者人也，道者義也。厚於仁者薄於義，

親而不尊，厚於義者薄於仁，尊而不親。」（〈表記〉）

2. 射者，仁之道也。射求正諸己，己正然後發，發而不中，則不怨勝己者，反求諸己而已矣。」（〈射義〉）

3. 「仁義禮知，人道具矣。」（〈喪服四制〉）

完整的一個人，一個道德自我的挺立，就在於實踐返求諸己，與仁同功，這與《論語》中所說的「己立立人，己達達人」、「克己復禮」有異曲同功之妙。因此仁是人，這表示人的自覺省悟，使得人我一體之仁成為人的主體生命價值之顯現，生命透過克己的工夫，回到人之所以為人的起點，因此「仁者人也」說明了孔子所代表之儒家對人的本性之理解。

（三）仁是諸德之總稱，仁並且是一個極高遠的人生道德理想

1. 「天高地下，萬物散殊，而禮制行矣。流而不息，合同而化，而樂興焉。春作夏長，仁也，秋斂冬藏，義也。仁近於樂，義近於禮，樂者敦和，牽神而從天。禮者別宜，居鬼而從地。故聖人作樂以應天，制禮以配地。禮樂明備，天原官矣。」（〈樂禮〉）

2. 「天子者，與天地盡。故德配天地，兼利萬物，與日月並明，明照四海而不遺微小。其在朝廷，則道仁聖禮義之序。」（〈經釋〉）

3. 子曰：「無欲而好仁者，無畏而惡不仁者，天下一人而已矣。」（〈表記〉）

4. 子曰：「仁之為器重，其為道遠，舉者莫能勝也，行者莫能致也，取數多者仁多，夫勉於仁者，不亦難乎？」（〈表記〉）

5. 子曰：「中心安仁者，天下一人而已矣。大雅曰：德輶如毛，民鮮克舉之；我儀圖之，惟仲山甫舉之，愛莫助之。」（〈表記〉）

6. 小雅曰：高山仰止，景行行止。子曰：「詩之好仁如此，鄉道而行，中道而廢，忘身之老也，不知年數之不足，挽焉日有孳孳，斃而后已。」（〈表記〉）

7. 子曰：「仁之難成久矣，人人失其所好，故仁者之過易辭也。」子曰：恭近禮，儉近仁，信近情，敬讓以行，此雖有過，其不甚矣。夫恭寡過，情可信，儉易容也；以此失之者，不亦鮮乎？詩曰：「溫溫恭人，惟德之基。」（〈表記〉）

8. 子曰：「仁之難成久矣，惟君子能之。是故君子不以其所能者病人，

不以人之所不能者愧人。」(〈表記〉)

9. 子曰:「下之事上也,雖有庇民之大德,不敢有君民之心,仁之厚
   也。是故君子恭儉以求役仁,信讓以求役禮,不自高其事,不自
   尊其身,儉於位而寡於欲,讓於人,卑己尊人,小心而畏義,求
   以事君,得之自是,不得自是,以聽天命。」(〈表記〉)

10. 子言之:「君子之所謂仁者,其難乎!詩云:凱弟君子,民之父母。
    凱以強教之,弟以說安之。樂而毋荒,有禮而親,威莊而安,孝
    慈而敬。使民有父之尊,有母之親。如此而后可以爲民父母矣;
    非至德其孰能如此乎?」(〈表記〉)

　　從《禮記》的這些話看來,用「仁」來統攝諸德,厥爲明顯,如「春作
夏長」這是「生」的概念,是化育萬物,在《易經‧繫辭傳》中,「生生」的
觀念亦出現過,而最爲具體者,莫如「天地之大德曰生」,仁是天地之大德,
而表現天地化育萬物莫如「生」來得有意義。《禮記》的〈表記〉把「仁」的
範圍與價值,譬爲「仁之爲器重,其爲道遠,舉者莫能勝,行者莫能致」,仁
之追求是如此的困難,此困難絕非「仁」之不可實現或虛無飄渺,這是「人人
失其所好」,失去了愛好追求人格美善的道德勇氣,因仁是諸德之全,所以追
求仁的方法,在《論語》中,孔子對弟子是指點,是提示,在《禮記》中,則
是「恭近禮,儉近仁,信近情」,還要做到在推行仁道之時,「樂而毋荒,有禮
而親,威莊而安,孝慈而敬。使民有父之尊,有母之親。」如此才能爲民父
母,這是必須要有極佳之德行方能達到。仁是如此的理想和高遠,爲器重、
爲道遠、仁德函括諸德,君子怎能不兢兢業業,努力修德以求仁之實現呢?

第三節　《易傳》「仁」之意義

　　《易傳》一書,是由「經」與「傳」兩部份組成,「經」是包含六十四個
卦象與每個卦之後的「卦辭」與「爻辭」,而「八卦」的來由,根據《易傳‧
繫辭下》的說法:

　　　古者包犧氏之王天下也,仰則觀象於天,俯則觀法於地,觀鳥獸之
　　　文,與地之宜,近取諸身,遠取諸物,於是始作八卦,以通神明之
　　　德,以類萬物之情。

　　此處八卦所指的是自然世界與人文世界的兩重關係之寫照,因爲當時是

天道思想（自然思想）支配人心的時代〔註11〕，以八卦的思想符號，來說明形下世界之萬物所以發生的形上淵源，透過這形上思想的符號，來說明自然世界與人文世界彼此的互應，亦說明了八卦不是死板的符號，而是自然與人文兩世界在時間與空間中的生成變化與消長存亡，寄天道以言人事。

其次，根據《史記・周本記》的記載，認為六十四卦為周文王所作。「西伯蓋即位五十年，其囚羑里，蓋益易之八卦為六十四卦。」〔註12〕

可見周文王之六十四卦是根據伏羲氏之八卦而「演」，史稱「文王演易」，演易的工作是「將八卦兩兩相重成六十四卦，以及在每一卦每一爻之下各繫以卦辭及爻辭。周文王原是要創建一種筮術，占斷吉凶，以應當時神道社會之需。」〔註13〕孔子後來即把周文王六十四卦哲學表現為易學之實用價值，用在人道的經營上。

在「傳」的部份，通稱為「十翼」，十翼包括以下十篇，篆上下、象上下、繫辭上下、文言、說卦、序卦、雜卦。至於十翼的作者，則是一個較有爭議的問題，非本文之重點，本文採取如下之觀點：十翼中某些部份，提及「子曰」者，應是孔門弟子所傳，唐朝孔穎達在「周易正義」中認為「以為孔子所作，先儒更無異論」〔註14〕，因此《易傳》應可判定為儒家之哲學系統。

《易傳》中，對於「仁」的概念所述並不多，茲列述如下：

1. 文言曰：「元者善之長也，亨者嘉之會也，利者義之和也，貞者事之幹也。君子體仁，足以長人。」（《周易上經・乾卦之言》）

2. 君子學以聚之，問以辯之，寬以居之，仁以行之。（《周易上經・乾卦文言傳》）

3. 象曰：「休復之吉，以下仁也。」（《周易上經・卦三象》）

4. 「精氣為物，游魂為變，是故知鬼魂之情狀，與天地相似，故不違。知周乎萬物而道濟天下，故不過。旁行而不流，樂天知命，故不憂，安土敦乎仁故能愛。」（〈繫辭上傳〉）

5. 「一陰一陽之謂道，繼之者善也，成之者性也。仁者見之謂之仁；

〔註11〕 高懷民，《大易哲學論》（台北：成文出版社，1978 年 6 月初版），頁 6。
〔註12〕 司馬遷，《史記・周本紀》（台北：宏業書局，1987 年 6 月再版），頁 12。
〔註13〕 高懷民，《大易哲學論》，頁 45。
〔註14〕 孔穎達，《周易正義》，見「十三經注疏」，周易部份，頁 7。

　　知者見之謂之知，百姓日用而不知，故君子之道鮮矣。」（〈繫辭
　　上傳〉）

6. 「顯諸仁，藏諸用，鼓萬物而不與聖人同憂，盛德大業至矣哉。」
　　（〈繫辭上傳〉）

7. 「天地之大德曰生，聖人之大寶曰位，何以守位曰仁。」（〈繫辭
　　下傳〉）

8. 子曰：「小人不恥不仁，不畏不義，不見利不勸，不威不懲。」（〈繫
　　辭下傳〉）

9. 「昔者聖人之作易也，將以順性命之理，是以立天之道曰陰與陽，
　　立地之道曰柔與剛，立人之道曰仁與義，兼三才而兩之。」（〈說
　　卦〉）

　　從第一點文言曰：「元者善之長也」到「君子體仁，足以長人」，君子要
如何去體會仁，去了解仁的真義呢？那必須從「元者善之長也」來思考，
因為乾卦文言所說的乾之四德為元、亨、利、貞，「元者萬物之始，亨者萬
物之長，利者萬物之遂，貞者萬物之成。唯乾坤有此四德，在他卦則隨事而
變焉。故元專為善，大利主於正，固亨貞之體，各稱其事，四德之義廣矣大
矣。」〔註15〕

　　〈繫辭傳〉：「一陰一陽之謂道，繼之者善也，成之者性也」，把這段話拿
來與乾卦〈文言〉：「元者，善之長也」兩相對照，可以發現「善」即是陰陽
二爻作用往復化生萬物的道理，陰陽化生之道不斷，萬物即由此而生生不息，
此之為「善」，因此由「道」之化生不輟，使得萬物得以茲生並且延續，所以
陰陽的作用即是在「生」，並且是唯一的「生」，生的表現與作用為善，且為
肯定不疑，則萬物生之所具的本質（性）自是為「善」。高懷民教授認為：

　　（1）「善」之義由「生生」上來。

　　（2）「善性」是絕對無待的。〔註16〕

　　仁之流行與價值內化，係本天德（元、亨、利、貞）之自然而行人道（仁、
義、禮、智）之當然，天人之間理通而功用自殊，通其理則人道合天。由前
段了解「善」是形容陰陽化生之生生不息，因此「仁」的意義即在此「善之

〔註15〕《易程傳、易本義》（台北：河洛圖書出版社，1974 年 10 月台景印再版），頁
　　　　3。
〔註16〕高懷民，《大易哲學論》，頁 201。

長」和「體仁足以長人」中出現：「包含著生之、育之、長之、養之的愛心，它表現了陰陽生化萬物的大慈大愛都表現了出來。」〔註17〕仁是愛之基本原則，愛爲仁之發用，能體會此仁道本義這才是顯諸仁，才是盛德大業。

其次，仁的意義是人道的特質，是做一個完整的人，道德主體的肯定與實踐。

「昔者聖人之作易也，將以順性命之理，是以立天之道，曰陰與陽；立地之道，曰柔與剛，立人之道，曰仁與義。」（〈說卦〉）這說明仁與義是道德主體之能挺立的內在根源。

再看〈繫辭傳〉說：

天地之大德曰生，聖人之大寶曰位，何以守位？曰仁。

生生是一種持續的創造性，天地之間具有無窮的生力，天地之大德即是產生萬物及生命，人爲天地父母所生，因此人當然亦受此德，漢朝董仲舒說：「夫仁也，天覆育萬物，既化而生之，有養而成之……察於天之意，無窮極之仁也。人之受命於天地，取仁於大而仁也。」〔註18〕。董仲舒之言，雖有濃厚的宇宙觀，但就「生生之謂易」而言，把「仁」之意義說得清楚，因乾坤合德，創育眾有，育種成性，以開物成務，乃能發展不已，以生生不朽。聖人的首要工作是「顯諸仁，藏諸用」，把造化之功，天地生生之大德表現出來，聖人是從生物氣象中找到生命之創育發展，因此仁存於人心之內，就精神作而言即是愛，因此聖人因著道德的修養和德目的提升，使得仁找到了一個確切的時位，並且因道德心之發動，而使得聖人的進德修業成爲可能。

〔註17〕高懷民，《大易哲學論》，頁202。
〔註18〕董仲舒，《春秋繁露義證》（台北：河洛圖書出版社，1974年台景印），頁231。

第四章　墨學形成之背景與特質

第一節　墨子之時代問題與哲學特質

　　《韓非子・顯學》篇說：「世之顯學，儒墨也。儒之所至，孔丘也；墨之所至，墨翟也。」《淮南子・泰族訓》也對孔墨二家學派之特色作了說明：「孔子弟子七十，養徒三千，皆入孝出弟。言爲文章，行爲儀表，教之所成也。墨子服役者，百八十人，皆可使赴火蹈刃，死不旋踵，化之所致也。」在《史記》中司馬遷對於墨子之記載，亦僅附於孟荀列傳之後，並以簡單幾句來描述墨子。「蓋墨翟，宋之大夫，善守禦，爲節用。或曰並孔子時，或曰在其後。」

　　至此，吾人大致可以歸納墨子之生平，墨子，名翟，姓墨氏，魯人或曰宋人，蓋曰生於周定王時〔註1〕而墨子生當戰國初年，各國之間的征伐方興未艾，墨子眼見此種現象，不忍民生疾苦，於是奔走於各國之間，冀能弭平戰禍爭端，以救蒼生，如〈公輸〉記載：

　　　　公輸盤爲楚造雲梯之械成，將以攻宋，子墨子聞之，起於齊，行十
　　　　日十夜，而至於郢，見公輸盤。……子墨子解帶爲城，以牒爲械。
　　　　公輸盤九設攻城之機變，子墨子九距之。公輸盤之攻械盡，子墨子

〔註1〕梁啓超認爲墨子生於周定王初年，約當孔子卒後十餘年；墨子卒於周安王中葉，約當孟子生前十餘年。見梁啓超，《墨子學案》（台北：台灣中華書局，1985年8月台五版），頁79。但是，錢穆在《墨子生卒考》中認爲，墨子之生，至遲在元王之世，不出孔子卒後十年。其卒當在安王十年左右，不出孟子生前十年。較梁啓超之考證移前十年。見錢穆，《墨子生卒考》，《先秦諸子繫年》（台北：東大圖書公司，1986年2月台北東大初版），頁89。

之守圉有餘。〔註2〕

由此可見，墨子之急功與好義，企求止戈為和，他三番五次周遊列國，向齊、晉、楚、越等國之君王宣揚兼愛非攻之說，但其理想至晚年並未實現，依《史記‧鄭陽傳》說：「宋信子罕之計而囚墨翟」，如果確是如此，墨子之晚年實晚景淒涼。不僅其主張未被採納，反成階下囚。

《淮南子‧要略》說：

> 墨子學儒者之業，受孔子之術，以為其禮煩擾而不說，厚葬靡財而貧民，（久）服傷生而害事，故背周道而用夏政。……

若依《淮南子》這篇的記載，大致上可以認定墨子早年之學問基礎是從儒家而來，並且深深受到孔子的影響。後因理趣與關切問題不同而自立門戶，誠如「道不同不相為謀」似乎是可理解的。在先秦之前，國與國之間，可說是強凌弱，眾暴寡的局面，因此當墨子自立學派之後，儒墨學派皆因於救時之弊，二者有振衰起敝之道德勇氣，而墨家思想興盛於戰國時代，孟子說：「楊朱墨翟之言盈天下。天下之言，不歸楊則歸墨。」（《孟子‧滕文公下》），而呂不韋更說：「孔墨之弟子徒屬充滿天下」。（《呂氏春秋‧有度篇》）亦可為證明。

綜觀墨子的思想，可說是簡易純樸，其深奧玄遠則不如道家，但之所以能和「極高明而道中庸」的儒家分庭抗禮，其思想必有其獨到之處，墨子所面對的問題，亦如其他諸家一樣，無可逃避的面對周文疲敝，亂臣賊子之世，如何重新改造的亂世，儒家之進路是由人之內心建立道德意識之自覺，進而涵化禮樂之真義，以指點人心之所當然。墨子之哲學特質是依據其所處時代之問題，從外在，客觀的事實上，經由分析而得，其對象與各家一樣皆是共同面對的客觀情境與歷史，但墨子不採人心的指點和從主體的道德修養著手，卻以具體的事象，掌握客觀條件來說明亂世而無秩序的社會本質。而其目的則在興天下之利，除天下之害，從《墨子》各章中，撥亂世返之正的思想特色一直是很清楚的呈現。

若從因果關係來看，周文之疲敝和文化的衰退，是因為人類失去了愛的原動力，墨子從人之自利與不相愛，找到了社會的病因之後，墨子提出了他的治亂世的針砭之道，以下試從諸方面加以探討墨學之特質：

〔註2〕孫詒讓，《定本墨子閒詁》，《中國思想名著》第八冊（台北：世界書局印行，1986年），頁295。

一、社會動亂之原因——因人之自利與不相愛

〈兼愛上〉對於此動亂之源頭，分析極為深入，而事實上人之自利與不相愛，同指一件事。是故聖人以治天下為事者也，不可不察亂之所自起。

> 當察亂何自起？起不相愛。臣子之不孝君父，所謂亂也。子自愛，不愛父，故虧父而自利，弟自愛，不愛兄，故虧兄而自利；臣自愛，不愛君，故虧君而自利，此所謂亂也。雖父之不慈子，兄之不慈弟，君之不慈臣，此亦天下之所謂亂也。父自愛也，不愛子，故虧子而自利；兄自愛也，不愛弟，故虧弟而自利；君自愛也，不愛臣，故虧臣而自利，是何也？皆起不相愛。（〈兼愛上〉）

墨子此段之評述亂之根源，是針對當時的社會結構，由此所作的反思，因為君臣、父子、兄弟之間，君與臣之互不相愛，父與子互不慈惠，兄與弟互不相愛，使得社會構的基礎，因自利、自愛而瓦解，這正是墨子所最憂心之處；因此人人「自愛」而「自利」，形成了亂的惡果。擴而大之而言；亂源之擴大即變成了人與人，家與家，國與國亦莫不如此。

墨子藉者〈兼愛〉篇分析社會的亂象，其內涵與表現在如下之關係的衝突上。

> 子與父之不互愛而致亂，而有父子不慈孝，
>
> 弟與兄之不互愛而致亂，而有兄弟不和調，
>
> 臣與君之不互愛而致亂，而有君臣不惠忠，

這是「倫常的失調」，其原因則是「自愛」而「不相愛」的緣故。甚至是盜賊者亦是如何。

> 雖至天下之為盜賊者亦然。盜賊愛其室，不愛其異室，故竊異室以利其室；賊愛其身不愛人，故賊人以利其身。此何也？皆起不相愛。雖至大夫之相亂家，諸侯之相攻國者亦然。大夫各愛其家，不愛異愛，故亂異家以利其家；諸侯各愛其國，不愛異國，故攻異國以利其國。天下之亂物，具此而已矣。察此何自起？皆起不相愛。
>
> （〈兼愛上〉）

我們可以從上述的論述中發現：在人倫世界的父子，兄弟與君臣的人際開展中所出現的失落衝突與不協調，依墨子的關係來說，這是因為失去了「愛」的基本關連和人我之情感斷層，使得人與人之間失去了感應，失去了人我共融，失去人是共同的生命體的集合，因而產生了人與人的疏離。因此墨子大

膽的提出「兼相愛」、「交相利」來作爲治亂世的藥方，以此來消除人們自私、自利、自愛的心理，而臻於倫常的和諧、社會的安寧、天下的和平。這個境界就是「若使天下兼相愛，國與國不相攻，家與家不相亂，盜賊無有，君臣父子，皆能孝慈，若此則天下治。」（〈兼愛上〉）以兼愛爲其本，人人兼愛，推而廣之，在倫理上可見之目標則爲「君惠、臣忠、父慈、子孝、兄友、弟悌」的境界，在社會上則是無爭奪、盜竊與攻伐之事。

二、達成與天下之利的方法──十務

〈魯問〉：

> 子墨子游，魏越曰：既得見四方之君，子則將先語？子墨子曰：凡入國，必擇務而從事焉。國家昏亂，則語之尚賢尚同；國家貧，則語之節用節葬；國家憙音湛湎，則語之非樂非命；國家淫僻無禮，則語之尊天事鬼；國家務奪侵淩，則語之兼愛非攻。故曰擇務而從事焉。

再依方授楚說：

> 墨學之中堅有尚賢、尚同、兼愛、非攻、節用、節葬、天志、明鬼、非樂、非命、非儒十一目。此十一目乃用以打擊當時政治社會之現狀，而有所建立，因而攻擊彼維持（或改良）現狀之學說也。其作用有消極、積極兩方面，消極在反周道之親親，及「從周」之儒家學說，積極則在自申己說，以建立理想之政治與社會也。〔註3〕

從「擇務而從事」來說是非常具體的，墨子絕非僅空談理論，而不注重實際效用，其「十務」之目的，即在達成「興天下之利，除天下之害」，如能實踐十務，必能興利除弊，撥亂反治的具體手段而已。

近人史墨卿言墨家精神有十項特徵，曰剛健不苟，曰求知不倦，曰刻苦節儉，曰愛人利民，曰平等互助，曰知其不可爲而爲，曰犧牲奮鬥，曰革新創造，曰力行實踐，曰和平濟世〔註4〕，雖語多溢美之詞，然就「刻苦節儉愛人利民與知其不可爲而爲」的確表現出墨子之思想與實踐的特色，於是說服王公大人，非用「十務」不可，要愛人利民，非「十務」不可。而十務的最

〔註3〕 方授楚，《墨學源流》（台北：台灣中華書局，1966年3月台二版），頁74。方氏所說之十一目，與墨子魯問篇所說「十務」，其差別僅在「非儒」而已，而有關於「儒墨相非」在本書第三節中說明。

〔註4〕 史墨卿，《墨學探微》（台北：台灣學生書局，1978年9月再版），頁159。

終目標即是要興天下之利,除天下之害。治國家百姓。「十務」本身並非目的,它僅是達成撥亂反治的方法。

三、墨子的功利主義

人不兼愛是墨子認為造成周文衰退的主因,因人之不兼愛而使得社會規範蕩然無存,墨子認為人人若能實踐「兼相愛」,必可達到「交相利」,梁任公說:「墨子講兼愛,常用『兼相愛交相利』六字連講,必合起來他的意思才明。兼相愛是理論,交相利是實行這理論的方法。」〔註5〕

兼相愛與交相利兩觀念不能割離,以兼相愛來達成共利,而此利,能利乎天鬼與人,這是墨子所說的「德」。

〈天志中〉云:

> 觀其事,上利乎天,下利乎人,三利無所不到,是謂天德。

墨子主張法「聖人之德」,謂其德能貫通三界——天鬼人,而天德之用,即藉著古聖先王之作為以求遺利以事天,〈尚賢中〉謂:「則此言三聖人者,謹其言,慎其行,精其思慮,索天下之隱事遺利,以上事天,則天鄉其德。下施之萬民,萬民被其利,終身無已。」

墨子把此種功利觀念,在〈天志〉篇很清楚的表現出來:

> 當天意而不可不順,順天意者兼相愛交相利,必得賞,反天意者,別相惡,交相賊,必得罰。(〈天志上〉)

> 夫愛人利人,順天之意,得天之賞者誰也。曰若三代聖王堯舜禹湯文武者是也。堯舜禹湯文武,焉所從事,曰從事兼,不從事別。兼者處大國不攻小國,處大家不亂小家,強不劫弱,眾不暴寡,詐不謀愚,貴不傲賤。(〈天志中〉)

此種「賞罰」之具體事蹟,墨子不向空談,而是從歷史事象中尋找答案,他找到了兩個相反的例子,一為順天之意,得天之賞的三代聖王堯舜禹湯文武,另一組為反天之意,而得天之罰的三代暴王桀紂幽厲。墨子依此把交相利之「利」特別的彰顯出來,故「愛人利人,順天之意,得天之賞」這也是「利」,此「利」還不止於此,墨子說明行兼相愛交相利之結果,還能「書於竹帛,鏤之金石,琢之槃盂,傳遺後世子孫。」〔註6〕由此可知:能順天意,

〔註5〕梁啟超,《墨子學案》第二章,同註1,頁8～13。
〔註6〕〈天志中〉。

而行兼相愛，天賦予其應得之位（貴爲天子）而有天下，同時在歷史上留名，人要得其名，得其德，得其利便是行此規範而已。

此外，墨子還把此種具體行兼愛之功與利，賦予道德之美名，稱爲「仁」與「義」。此即是「觀其事，上利乎天，中利乎鬼，下利乎人，三利無所不利，是謂天德，聚斂天下之美名，而加之焉。曰此仁也義也。」（〈天志中〉）於是吾人發現墨子所言之「利」的理論推演：

1. 行事依據：察天意。
2. 本質：天意爲兼相愛交相利。
3. 具體事例：來自歷史經驗（三表法）的三代聖王與三代暴王。
4. 具體功利：(1)天德（上利乎天，中利乎鬼，下利乎人）。

            (2)天賞之有天下。

            (3)書於竹帛、鏤於金石，琢於槃盂，傳於後世子孫。

            (4)天下美名加於其上：仁也，義也。

透過兼愛，可以看到天下之大利，此「利」爲「天德」與美名，因此在政治上，法先王之古聖賢之兼愛天下，兼利天下的境地；在倫理上，要達到人倫關係的和諧，因著愛天下之人互愛互利，即如〈尚賢下〉篇所說：「有力者疾以助人，有財者勉以分人，有道者勸以教人」。

在〈經上〉，墨子直接說明「義，利也」，將義與利二者結合，這與儒家孔子對於義利之認知，如「君子喻於義，小人喻於利」〔註7〕實有天壤之別，此正也表示墨子對於義利之觀念實大異於儒家之言。故曰：「義，志以天下爲勞，而能能利之，不必用。」（〈經說上〉）

墨家之「義」，是一種功利主義，功利互惠與對象爲利他，而非利己，因此「義」成爲十足之利他主義，利爲義，利不利即是義不義，用「利」來衡量義不義之標準，因此利除是天德之外，利之志行皆以「愛利萬民」（〈尚賢〉）爲其天職，且依墨子之施爲，利他且不望報，亦不求於己有用。

第二節　墨學淵源

墨子在戰國時代，諸子百家競雄之時，能與儒家並稱「顯學」，必有其立論根基，吾人發現其思想不是從主體的心上指點修持之方，而是從客觀的條

〔註7〕《論語・里仁》。

件和經驗上，以其三表法，「有本之古者聖王之事，有原察百姓耳目之實，有
發用之於刑政」(〈非命上〉)，進而推溯到一外在客觀的權威，即其價值根源
所在－－天志上，以「興天下之利，去天下之害」爲其努力實踐的目標。墨
子之思想是否和孔子一樣，很清晰的點出文化傳承意義，是值得探究問題。
首先，就古籍中之記載，敘述如下：

> 《呂氏春秋·當染篇》謂：「魯惠公使宰讓請郊廟之禮於天子，桓公
> 使史角往，惠公止之。其後在於魯，墨子學焉。」

> 《漢書·藝文志》：「墨家者流，蓋出於清廟之守。」(《前漢書》卷
> 三十)

> 《淮南王》書：「孔丘墨翟修先聖之術，通六藝之論。」(《淮南鴻
> 烈集解》)

> 《淮南王》書又曰：「墨子學儒者之業，受孔子之術；以爲其禮煩擾
> 而不悅，厚葬靡財而貧民，（久）服傷生而害事。故背周道而用夏
> 政。」(《淮南要略》)

> 《莊子·天下篇》謂墨子一生「其生也勤，其死也薄，其道太觳」、
> 「以自苦爲極。」

由以上古籍之記載，可見墨子之思想似有其淵源，或說是受了什麼人之
影響，雖然自清以後，對於墨學淵源，眾說紛紜，莫衷一是〔註8〕。因爲墨子
在其著述中，並未講明其思想來源，或說是受某家某派之影響，我們能找到
的僅是墨子對於儒家之批評和責難而已，以下吾人從莊子天下篇，淮南子要
略之言，來重新整理墨子思想之淵源。

一、從《莊子·天下》篇看墨學淵源

從《莊子·天下篇》所記載中，吾人了解到禹和墨子在行爲上的諸關係，

〔註8〕 有關墨子學說的淵源，除古籍之記載外，學者研究的觀點亦是莫衷一是，如：
　　　(1) 孫星衍認爲墨子的節用、明鬼、兼愛和節葬等四個觀念出於大禹之教，見
　　　　　〈墨子注後敘〉。
　　　(2) 汪中則認爲墨子「蓋學焉而自爲其道者也」，力駁孫星衍之說。見汪氏〈墨
　　　　　子後序〉。
　　　(3) 方授楚在《墨學源流》中，繼承汪中之說法，認爲墨學由墨子之時代、環
　　　　　境、出身及其個性所決定，而非墨子以前所能有也。見方氏《墨學源流》
　　　　　(台北：台灣中華書局，1966年3月台二版)，頁71～74。

藉著禹之所作所為，凸顯了墨子思想在本質上是和禹之作為相貫通，互相的呼應，即如「不能如此，非禹之道也，不足謂墨！」其文如下：

> 不侈於後世，不靡於萬物，不暉於數度，以繩墨自矯。而備世之急，古之道術有在於是者，墨翟禽滑釐聞其風而說之，為之大過，己之大循，作為非樂，命之曰節用，生不歌，死無服，墨子泛愛兼利而非鬥，其道不怒，又好學而博不異，不與先王同。……墨子稱道曰：「昔禹之湮洪水，決江河，而通四夷、九州也。名山三百，支川三千，小者無數。禹親自操槖耜，而九雜天下之川。腓無胈，脛無毛，沐甚雨，櫛疾風，置萬國。禹大聖也，而形勞天下也如此！」使後世之墨者多以裘，褐為衣，以跂蹻為服，日夜不休，以自苦為極。
> 曰：「不能如此，非禹之道也，不足謂墨！」（〈天下〉）

從〈天下〉篇的這段話來看，墨子之思想與禹有著關聯，這些關聯性是要從墨子的十務中來體會禹之精神，因為從文獻上很難去找得具體的資料，證明禹和墨子的關係或說是具有某種程度之關聯，同時亦非本文之重點，在墨子的「十務」中，很清楚的把墨子思想勾勒出來。

> 子墨子游，魏越曰：「既得見四方之君，子則將先語？子墨子曰：凡入國，必擇務而從事焉。國家昏亂，則語之尚賢尚同；國家貧，則語之節用節葬；國家憙音湛湎，則語之非樂非命；國家淫僻無禮，則語之尊天事鬼；國家務奪侵凌，則語之兼愛非攻。故曰擇務而從事焉。（〈魯問〉）

這是墨子哲學思想裡最具體的十件事，它之所以被提出來，是因為墨子不能忍受孔子那樣，寧願「道不行乘浮於海」（《論語‧公冶長》）的態度，墨子是熱中而且過份熱中以興天下之利，除天下之害，這種精神和性格，正如禹之當年治水，如「禹親自操槖耜，而九雜天下之川，腓無胈，脛無毛，沐甚雨，櫛疾風，置萬國。禹大聖也，而形勞天下也如此。」而墨子和其弟子聞其風而說之，並勉勵弟子以裘褐為衣，以跂蹻為服，日夜不休，以自苦為極。在精神和性格與作風上，禹和墨子可說是一致的。

禹之治水，形勞天下，墨子面對著亂世，奔走於諸國間，提倡十務，何嘗不是形勞天下的具體行動，再從〈天下〉篇所述之「大禹道術」來看，其內涵是「不侈於後世，不靡於萬物，不暉於度數」，是講求節儉和自我約束，是一種樸實無華的生活形態，再看「以繩墨自矯，而備世之急」即表現在大

禹之自我惕厲和救世的精神，有了「刻苦、勤勞、自我犧牲之忘己以濟物的精神，才能表現而爲無胈、無毛、沐風、櫛雨的形勞天下之具體行動，這亦正是有諸內而形諸外的必然情形。」〔註9〕

孟子曾說「墨子兼愛，摩頂放踵利天下爲之」，這種極端爲人，而忘卻一己之私的精神，正是墨子的寫照，因爲「摩頂放踵利天下爲之」是實踐兼愛的崇高精神，此精神與禹之刻苦、勤勞、自我犧牲，忘己以利天下（傳聞禹治水三過家門而不入），之精神是互爲一致的。吾人可以這樣的認爲：墨子繼承了大禹的刻苦，勤勞之精神，並進而以此精神來解決其所處之時代問題，進而發明創造其思想特色和各家一爭長短，這正是表現在墨子自有其面對當時社會的應對之道，陳問梅教授認爲：「故以墨學淵源於大禹，實在只在大禹那種刻苦，勤勞，自我犧牲之忘己以濟物的精神方面，並不表示墨學的全部觀念或某些觀念，即具備於禹教之中，而爲墨子所承繼。」〔註10〕這樣的說法，就以學術研究之眼光來看也要來得客觀些，禹之精神對墨子學說之形成固有影響，但墨子之爲墨子，絕非因禹之精神與功業而造就了墨子，就文化傳承和社會責任感而言，墨子的思想實踐前提，即在其「興天下之利」，勞思光先生認爲：「利指社會利益而言，故其基源問題乃爲：『如何改善社會生活？』此『改善』純就實際生活情況著眼，與儒學之重文化德性有別」〔註11〕故墨子之言論偏重於實存社會之問題的解決，若說文化傳承與德性開發，墨子即以「三代聖王」之事來作說明而已，較難予人其道高遠之感。

二、從《淮南要略》看墨學之淵源

墨子學儒者之業，受孔子之術，以爲其禮煩擾而不說，厚葬靡財而貪民，久服傷生而害事，故背周道而用夏政。（《淮南・要略篇》）

這一段話說明了墨子與孔子的關係，但墨子之生卒年月卻又語焉不詳，僅有後人如汪中，孫詒讓之考證，就哲學思想而言，重點是辨其思想淵源和儒家之異，依墨子之生平來說，可能與孔子之年代相去不遠，就其「學儒者之業與受孔子之術」，而最後竟得出以「背周道而用夏政」的結論，這其中必有其可議論研究之處。

〔註 9〕陳問梅，《墨學之省察》（台北：學生書局，1988 年 5 月初版），頁 56。
〔註 10〕陳問梅，前引書，頁 57。
〔註 11〕勞思光，《中國哲學史》卷一（台北：三民書局出版，1981 年 2 月初版），頁 213。

　　從孔子所說之「周監於二代，郁郁乎文哉！吾從周」〔註12〕此周文，亦即是周禮，廣義而言，是中國文化自夏、商而至周時，在禮樂、制度、典章、文物的綜合體，是「宗教的人文化」〔註13〕孔子以其對周文之傳承的使命感和歷史責任心，眼見「親親與尊尊」的文化價值崩潰，因而振衰起弊，肯定周文，繼承周文開發周文價值。但是這套以禮為中心的價值系統，隨著其儀式繁瑣，如「經禮三面、曲禮三千」〔註14〕，漸失去其精神意義，人文價值頓失依附，空留繁瑣形式儀文，墨子所見者，蓋為周文之僵化與形式化和無生命內涵的禮儀而已，故對於周禮所標舉之厚葬，久喪之制，必無法予以細心體會此制度背後實存之理由，況且更與墨學崇尚節約，克制自利成全社會大利之價值觀相衝突，因此反對此周文僵化形式，走出務實功利之局必然之結果，再從墨子之「十務」來看，在客觀儀式上，墨子高舉節用節葬與非樂非命之法，頓成與周文大相逕庭之說。

　　雖然墨子對於以孔子為創始者之儒家不遺餘力之批評攻擊，但墨子對於孔子人格之偉大，卻是以另外一種態度來處理，如〈公孟〉篇所說，即是一例。

　　　　子墨子與程子辯，稱於孔子。程子曰：「非儒，何故稱於孔子也？」
　　　　子墨子曰：「是亦當而不可易者也。今鳥聞熱旱之憂則高，魚聞熱旱
　　　　之憂則下，當此雖禹湯為之謀，必不能易矣。鳥魚可謂愚矣，禹湯
　　　　猶云因焉，今翟曾無稱於孔子乎？」

　　可見墨子對於孔子之好行為與好的主張是不反對的，故稱「是亦當而不可易者也」。所以墨子所反對的是儒者講究喪葬禮儀等瑣碎小節，藉禮樂之行事而失其大節，以墨子講求實踐力行，求天下之利的標準來說，當然即背周道而用夏政。因此《淮南‧要略》之述，大體上是可能的，但是從此段話來

〔註12〕語見《論語‧八佾篇》。

〔註13〕春秋時代以禮為中心的人文精神的發展，並非將宗教完全取消，而係將宗教也加以人文化，使其成為人文化地宗教。徐復觀先生把春秋時代，因天、帝權威墜落，而使原有宗教性的天，在人文精神激盪之下，而成為道德法則之天，而所祭祀之神也是從宗教的神秘氣氛中解脫出來，祭祀乃成為人文成就的一種表現。吾人認為：徐先生之分析主要的論點即在提出「人文化的宗教」，其意義是因為天、帝、鬼神地位之變易，權威之墜落，而使得天、帝、鬼神面前顯得渺小的人，能昂然挺立而有尊嚴，人之地位提高了，宗教的原始神秘經驗被人文精神予以蛻化，而使得人之道德性愈來為重要。本段乃參考徐先生之文而發，請參閱徐復觀，《中國人性論史》（台北：台灣商務印書館，1988年11月九版），頁51～56。

〔註14〕見《禮記‧禮器篇》。

看，墨子之所以爲墨子，絕非因「學儒者之業，受孔子之術」而得其哲學理念之全部，必有以其個人智慧和面對周文罷敝所產生的使命感和責任感，發皇而爲墨學。

第三節　儒墨相非之本源問題

清孫詒讓所著《墨學通論》有言：

> 春秋之後，道術紛歧，倡異說以名家者十餘，然惟儒墨爲最盛，其相非亦最盛。墨書既非儒，儒家亦闢楊墨。楊氏晚出，復擯儒墨而兼非之，然信從其學者少，固不能與墨抗行也。莊周曰：「兩怒必多溢惡之言」（人間世），況夫樹一義以爲櫫揭，而欲以易舉世之論，沿襲增益，務以相勝，則不得其平，豈非勢之所必至乎？今觀墨之非儒，固多誣妄，其於孔子，亦何傷於日月？而墨氏兼愛，固諄諄以孝慈爲本，其書具在，可以勘驗，而孟子斥之，至同之無父之科，則亦少過矣。自漢以後，治教嬗一，學者咸宗孔孟，而墨氏大絀，然講學家剿竊孟荀二論，以自矜飾標識，綴文之士，習聞儒言，而莫之究察，其於墨也，多望而非之，以迄於今，學者童牙治舉業，至於皓首，習斥楊墨爲異端，而未有讀其書，深究其本者，是暖姝之說也，安足以論道術流別哉！

上述這段話，客觀的點出了儒墨相非之形式理由，亦即引述莊子之言「兩怒必多溢惡之言」，而且在俱稱「顯學」之二家學說，必有其足以服人之理，方能稱之顯學，孫詒讓之言，僅說明了客觀事實之當然，但亦未道出儒墨相非之根本原因。

馮友蘭對於儒墨相非之問題，他的看法是：

> 墨家哲學與儒家哲學之根本觀念不同，儒家「正其誼不謀其利，明其道不計其功。」而墨家則專注重「利」，專注重「功」。[註15]

墨子在孔子之後，再從《淮南・要略》來看：

> 墨子學儒者之業，受孔子之術，以爲其禮煩擾而不說，厚葬靡財而貧民，久服傷生而害身，故背周道而用夏政。

〔註15〕馮友蘭，《中國哲學史》（香港：太平洋圖書公司，1970 年 2 月再版），頁 115。

　　從這些話中，很清楚的找到墨子所不滿而批評的是儒家過份重視兩件事，一是禮樂，二是厚葬久喪，因對這兩件事儒家主張的反對而另創新說。而代表儒家攻擊墨家的不外孟、荀二子，其中尤以孟子爲最〔註16〕，儒墨之間的互相批評的問題，也就成爲吾人探討二家相非問題之思考範疇，因墨子後於孔子，因此墨子及其門徒，爲彰顯其說，於是從批評出發，是最能達到目的之方。墨子的學說中，雖力主十務之說，但墨子批評儒家思想，卻以〈公孟〉篇爲最：

> 儒之道足以喪天下者四政焉：儒以天爲不明，以鬼爲不神，天鬼不說。此足以喪天下。又厚葬久喪，重爲棺椁，多爲衣衾，送死若徙，三年哭泣，扶然後起，杖然後行，耳無聞，目無見。此足以喪天下。又弦歌鼓舞，習爲聲樂。此足以喪天下。又以命爲有。貧富、壽夭、治亂、安危、有極矣，不可損益也。爲上者行之，必不聽治矣，爲下者行之，必不從事矣。此足以喪天下。（《墨子・公孟》）

　　上述這一段墨子對儒家之批評，是藉著墨子和公孟子之對話中，墨子對儒之道所作的結論，綜觀此篇中，墨子之論點，敘述如下：

　　（一）墨子認爲「夫知者必尊天事鬼，愛人節用，合焉爲知矣。」（〈公孟〉），此處「知」當爲「智」之意思，凡尊天事鬼，愛人節用者，才有資格稱爲智者，因此以「智者」之觀點，孔子之主張顯有缺憾。儒者顯然在對天鬼與兼愛，節用諸方面有困於無知之地步，故非尊天事鬼，愛人節用者皆不足以稱「知」，且對於天鬼和兼愛等觀念上並未釐清透徹。

　　（二）墨子批評儒者不知之標準爲何？他是憑什麼認爲儒者之見識不足呢？從下述三個標準可看出端倪：

　　1. 凡言凡動利於天鬼百姓者爲之，凡言凡動害於天鬼百姓者舍之。（〈貴義〉）

　　2. 言足以遷行者常之，不足以遷行者勿常，不足以遷行而常之，是蕩口也。（〈貴義〉）

　　3. 言足以復行者常之，不足以舉行者勿常。不足以舉行而常之，是

〔註16〕孟子批評墨子，見於〈滕文公〉篇云：聖王不作，諸侯放恣，處士橫議。楊朱、墨翟之言盈天下，天下之言，不歸楊，則歸墨。楊氏爲我，是無君也；墨氏兼愛，是無父也。……楊墨之道不息，孔子之道不著，是邪說誣民，充塞仁義也。仁義充塞，則率獸食人，人將相食，吾爲此懼，閑先聖之道，距楊墨，放淫辭，邪說者不得作。……聖人復起，不易吾言矣。

蕩口也。(〈耕柱〉)

由上述這三個標準來看：不管言、動、行，其理念上皆扣住要我人能「言行一致」或是應做到「言行合一」，而墨子正是實踐此道之代表，真正做到「坐而言，起而行」之基本律求。但人之所言所行，依據什麼呢？於是墨子主張一切應合乎天鬼之律令和符合百姓之需求，藉著這言行一致的律令，由上（天鬼）而下（百姓）貫，自成其價值體系，在天鬼的形上超越世界和人文的形下器物世界中二者緊密相連，於是什麼是利？答案便很清楚，兼相愛和交相利便浮現。

基於上述之一、二點，墨子建立其評斷是非，利與不利之標準後，墨子便從「古聖先王」之事蹟上、言行上來指陳其理論之正確。

（三）凡古聖王之所言所行，皆足以證明其理論為知，儒者之論為非。墨子對於批評儒者之喪天下之四政之成立理由，皆來自其主觀且視為當然的經驗事實。

如：「古聖王皆以鬼神為神明而禍福，執有祥不祥，是以政治而國安。自桀紂以下，皆以鬼神為不神明，不能為禍福，執無祥不祥，是以政亂而國危。」(〈公孟〉)

如：「喪禮、君與父母、妻、後子死，三年喪服，伯父叔父兄弟期，族人五月，姑姊舅甥，皆有數月之喪，或以不喪之。閒，誦詩三百，弦詩三百，歌詩三百，舞詩三百，若用子之言，則君子何日以聽治，庶人何日以從事。……今子曰，國治則為禮樂，亂則治之，是譬猶噎而穿井也，死而求醫也，古者三代暴王桀紂幽厲，爾為聲樂，不顧其民。」(〈公孟〉)

再如對鬼神的看法「子墨子曰，執無鬼而學祭禮，是猶無客而學客禮，是猶無魚而為魚罟也。」(〈公孟〉)

從上述三段引文發現，墨子之批評儒家，並非全然是理論之辯證，而是完全憑其主觀的信念事實古聖王之所作所為，來說明其主張。

對於生死之問題，在論語中，孔子的立場非常清楚。

如：「未知生，焉知死」(《論語‧先進》)

如：「未能事人，焉能事鬼」(《論語‧先進》)

如：「敬鬼神而遠之」(《論語‧雍也》)

對於生死，鬼神之問題，孔子已從殷商的鬼神崇拜中解放出來，走入人文化成的人道世界，來重新整理釐清鬼神在生命中的意義，以孔子對於「人」

之思考而言，在孔子時代「人道思想取代神道思想而成爲主流，人由聽命於不可知的神論，漸轉變爲寧願信賴理智的判斷」〔註17〕孔子從「禮」出發，把禮的形式義和實質義，作一透徹的分析，定位出「禮」的價值，人是要明禮而後才能講求以禮來化約規範人之一言一行，故有「非禮勿視、非禮勿聽、非禮勿言、非禮勿動」（《論語・顏淵》）之警語，因著禮而建立了「仁」的道德世界，人之品格高下，取決於仁內禮外的規範和實踐，仁和禮即成爲人之道德與價值的範疇，定位出做人的規範，大大地減低了鬼神對人之自主性上的限制和窒礙。

但是，墨子所看到的世界是什麼？胡適認爲：「我想儒家自孔子死後，那一班孔門弟子不能傳孔子學說的大端，都去講究那喪葬小節。請看『禮記』（〈檀弓篇〉）所記孔門大弟子子游，曾子的種種故事，那一椿不是爭一個極小瑣碎的禮節？（如「曾子弔於負夏」及「曾子襲裘而弔」諸條）再看一部『儀禮』那種繁瑣的禮儀，眞可令今人駭怪。墨子生在魯國，眼見這種種怪現狀，怪不得他要反對儒家，自創一種新學派。」〔註18〕

再論墨子認爲儒者厚葬久喪，因而改弦易轍爲節葬，墨子認爲仁者爲天下計度，「天下貧，則從事乎富之；人民寡，則從事乎眾之；眾而亂，則從事乎治之。」（〈節葬下〉）墨子更以具體的事例，來說明厚葬久喪之不應該，「棺三寸足以朽骨，衣衾三領足以朽肉，掘地之深，下無沮漏，氣無發洩於上，壟足以期其所則止之矣。……今天下之士君子、中誠欲爲仁義，求爲上士，上欲中聖王之道，下欲中國家百姓之利，故當若節葬之爲政。」（〈節葬下〉）

其實，儒家之厚葬久喪，自有其道理，孟子云：

> 蓋上世有不葬其親者，其親死，則舉而委之於壑，他日過之，狐狸食之，蠅蚋姑嘬之。其顙有泚，睨而不視。夫泚也，非爲人泚，中心達於面目。蓋歸反虆梩而掩之。掩之誠是也。則孝子仁人之掩其親，亦有道矣。（〈滕文公上〉）

可見「葬」亦有其人心之安頓，是盡於人心的一種表現，是感恩於親人照拂之情與人倫親情的乖隔而不得不如此，墨子所主張之「桐棺三寸而無槨以爲法式」這樣的主張，爲其普遍之律令，要求每人該當如此，很明顯地，

〔註17〕高懷民，《先秦易學史》（台北：台灣商務印書館，1975年6月初版），頁45。

〔註18〕胡適，《中國古代哲學史》（台北：遠流出版公司，1986年10月二版），頁132。

他的標準仍是「摩頂放踵利天下為之」，基於此一理念不考慮人心人情之感通，因此厚葬久喪皆是無法達到「利天下為之」，因而主張厚葬久喪，而改為節葬之主張。

以墨子對鬼神之重視，似乎鬼神與節葬二者存在著某些關係，從〈明鬼下〉可以發現，墨子認為鬼神是存在的，他慎重的提出其看法：

1. 自古以及今，生民以來者，亦有嘗見鬼神之物，聞鬼神之聲，則鬼神何謂無乎，若莫聞莫見，則鬼神可謂有乎。（〈明鬼下〉）
2. 以事實證明（眾之耳目），如周宣王殺其臣杜伯，三年後，杜伯乘白馬素車朱衣冠，執朱方，挾朱矢，追殺周宣王，射之車上。再如鄭穆公所見之句芒（鬼神），燕簡公殺其臣莊子儀等等之事蹟，證明人死為鬼。
3. 三代聖王堯舜禹湯文武之作為，證明「明鬼」之重要，認為明鬼乃是「聖王之務」。
4. 總而言之，鬼神計有天鬼、山水鬼神、人死而為鬼者。
5. 鬼神必享祭祀，祭祀鬼神乃是興天下之利，除天下之害，並符合聖王之道。

從〈明鬼下〉，可以看出墨子對於鬼神之重視，並認為「明鬼」乃是天下大利，而鬼之一是「人死而為鬼者」，何獨在人死之葬禮上，墨子主張「節葬」呢？二者之間豈不是存在者內在的矛盾？

漢儒王充對此問題，批評如下：

> 墨家之議，自違其術，其薄葬而又右鬼。右鬼引效，以杜伯為驗。杜伯死人，如謂杜伯為鬼，則夫死者審有知。如有知而薄葬之，是怒死人也。情欲厚而惡薄，以薄受死者之責，雖右鬼其何益哉。如以鬼為非死人，則其信杜伯非也。如以鬼是死人，則其薄葬非也。術用乖錯，首尾相違，故以為非，非與是不明，皆不可行。（《論衡·薄葬》）

王充之批評，即已點出墨子在「明鬼」與「節葬」二者之衝突矛盾，情欲厚而惡薄，以薄受死者之責，雖明鬼又有何益。因此「術用乖錯，首尾相違」，實一語道破墨子非儒之弊。

（四）再看墨子所批評儒家之「弦歌鼓舞，習為聲樂，此足以喪天下」的「非樂」，其評斷之標準仍是「上度之不中聖王之事，下度之不中萬民之

利」(〈非樂上〉),故主張爲樂非也。

依墨子之觀點,非樂之意義爲「非以大鐘鳴鼓,琴瑟竽笙之聲,以爲不樂也,非以刻鏤華文章之色,以爲不美也,非以高台厚榭邃野之居,以爲不安也。」(〈非樂上〉)而是王公大人作樂器,非倍取之於水,擿取之於地所能得,爲樂非易,而是將必厚措斂於萬民,以爲大鐘鳴鼓琴瑟竽笙之聲。這是墨子非樂的原因,因爲樂必須暴斂於民,則民將有巨患,依墨子之言,民之三患——「飢者不得食,寒者不得衣,勞者不得息」(〈非樂上〉),會因爲樂而生,則失去天下之利,「爲樂」即成天下之害也。同時,天下之亂,若能因擊鳴鼓,彈琴瑟,吹竽笙而能弭平,在墨子看出這是未必然,且無補於世。

同時,爲樂之弊是:

> 使大夫爲之,廢丈夫耕稼樹藝之時,使婦人爲之,廢婦人紡績織紝之事,王公大人爲之,虧奪民衣食之財,與君子聽之,廢君子聽治,與賤人聽之,廢賤人之從事。(〈非樂上〉)

可見樂之害爲王公大人不能早朝晏退,聽獄治政,故國家亂,社稷危;士君子必不能竭股肱之力,擅其思慮之智,內治官府,外收斂關市山林澤梁之利,以實倉廩府庫,故倉廩府庫不實;農夫必不能早出幕入,耕稼樹藝。多聚叔粟,故叔粟不足,婦人必不能夙興夜寐,紡績織紝,多治麻絲葛緒,綑布縿,故布縿不興。以上幾項弊端即成天下大害,更何況,推到先王之書亦歷歷記載,上者天鬼不以爲法式,下者非人民之利,故非樂。綜合來說墨子非樂是因爲「(1)費錢財、(2)不能救百姓的貧苦、(3)不能保護國家、(4)使人變成奢侈的習慣。」〔註19〕

墨子從天下國家以至庶民百姓之觀點,來看爲樂之弊,固有其事實基礎和實用之利,然人之心情發抒,無樂無以成章,無樂人心之浮動無以安頓,人心之喜怒哀樂無以發抒,孔子對於禮樂之重視,實已看出人之道德理想層和實存物境層之對應與舒解,從《禮記・樂記》之說明可得之:

> 德者性之端也,樂者德之華也,金石絲竹樂之器也。詩言其志也,歌詠其聲也,舞動其容也,三者本於心然後樂器從之,是故情深而文明,氣盛而化神,和順積中,而英華發外,唯樂不可以爲僞。(《禮記・樂記篇》)

由上觀之,樂有其作用,《荀子・樂論》說:「樂行而志清,禮修而行成,

〔註19〕胡適,前引書,頁144。

耳目聰明，血氣和平，移風易俗，天下皆寧。」唐端正先生認為：

> 儒家認為禮樂都是治道的一端，而且是相輔相成的。因為禮主別異，
> 樂主和同，社會一方面要明分辨異，分工分職，也要心志交融，同
> 情共感。〔註20〕

最後，再看墨子所批評之儒者「非命」，依孫詒讓之《墨子閒詁》所云：
「漢書藝文注，蘇林云，非有命者，言儒者執有命，而反勸人修德積善，政
教與行相反，故譏之也。」〔註21〕墨子所認為執有命者是不仁，「命富則富，
命眾則眾，命寡則寡，命治則治，命亂則亂，命壽則壽，命夭則夭，命雖強
勁何益哉」（〈非命上〉）

墨子之批評方法，是以「三表法」（言有三表）來予以駁斥，本之者，是
上本之於古者聖王之事，有原之者，是下原察百姓耳目之實，有用之者，於
何用之，發以為刑政，觀其中國家百姓人民之利。從上本古者聖王之事，如
文王封於歧周，絕長繼短，方地百里，與其百姓，兼相愛交相利，是以近者
安其政，遠者歸其德，故天鬼富之，諸侯與之，百姓親之，賢士歸之，未歿
其世，而王天下。非其命如此也，而是其能「兼相愛交相利」也。因此執有
命，依墨子之言：「故命上不利於天，中不利於鬼。下不利於人」（〈非命上〉），
執有命為天下之大害，天下安危治亂，「存乎上之為政也，則夫豈可謂有命
哉」。（〈非命下〉）

從「功利」之觀點來看，執有命者，「上不聽治，下不從事，上不聽治則
刑政亂，下不從事則財用不足，上無以供粢盛酒醴，祭祀上帝鬼神，下無以
降綏天下賢可之士，外無以應待諸侯之賓客，內無以食飢衣寒，將養老弱，
故命，上不利於天，中不利於鬼，下不利於人。而強執此者，此特凶言之所
行自生，而暴人之道也。」（〈非命上〉）

可見墨子之所以非命，是怕人一旦信有命之後，認為一切不可改變不可
損益，皆是命定如此，雖強勁而思變易亦無用，此「命」所指的是一切因
其壽夭之命，命該如此之命，如此上不利於鬼神，下不利於百姓，則天下之
亂矣。

綜合以上之分析，吾人發現墨子哲學之特色實為明顯，墨子學說雖分為

〔註20〕唐端正，《先秦諸子論叢》（續篇）（台北：東大圖書公司，1983年4月初版），
　　　　頁66。
〔註21〕孫詒讓，前引書，卷九，非命上第三十五。

倫理、社會、政治、宗教諸方面，但彼此之間就像數個圓環，密切地契合著。站在兼愛的立場看：非攻、尚賢、尚同、節用、節葬、非樂、天志、明鬼、非命，都是從兼愛推衍而出；從天鬼宗教立場看，則兼愛、非攻、尚賢、尚同、節用、節葬、非樂、非命，都是他應用於人生行為上的信條，天志、明鬼則是用以實現他改革社會政治的制裁力。

第五章　墨子「兼愛」觀念意義與
體系開展

第一節　兼愛之意義

　　從《墨子》〈兼愛〉上、中、下三篇來看，墨子提倡兼愛，其對象是普天下之民，其根據則是客觀世界的衝突事實（亂），從客觀事實剖析亂之原因，〈兼愛上〉篇云：

> 聖人以治天下爲事者也，不可不察亂之所自起。當察亂何自起？起不相愛。臣子之不孝君父，所謂亂也。子自愛不愛父，故虧父而自利。弟自愛不愛兄，故虧兄而自利；臣自愛，不愛君，故虧君而自利，此所謂亂也。雖父之不慈子，兄之不慈弟，君之不慈臣，此亦天下之所謂亂也。父自愛也不愛子，故虧子而自利，兄自愛也不愛弟，故虧弟而自利，君自愛也不愛臣，故虧臣而自利，是何也？皆起不相愛。

> 雖至天下之爲盜賊者，亦然。盜愛其室，不愛其異室，故竊異室以利其室。賊其身不愛人，故賊人以利其身，此何也？皆起不相愛。雖至大夫之相亂室，諸侯之相攻國者亦然，大夫各愛其家，不愛異家，故亂異家，以利其家。諸侯各愛其國，不愛異國，故攻異國，以利其國。天下之亂物具此而已矣。

　　墨子所看到的社會，是一個宗法與封建並存的社會結構，構成這個結構

體的倫理與政治關係已瀕臨解體，依墨子之言此社會結構之解體，價值之迷失，皆因人之自愛自利，而虧人利己，從君臣、父子、兄弟至諸侯大夫，無一不是一個虧他人以自利的世界，因為人的「自私自利」，形成了在君臣父子兄弟之關係上，產生了不惠慈、不忠孝、不和調之現象，等而下之，強凌弱、貴傲賤、智欺愚之現象，而天下禍亂恨怨因而產生。

如何把人人之間的自利自愛轉化成為積極的意義呢？墨子提出「兼相愛交相利」必可興天下之利，去天下之害，〈兼愛中〉篇云：

> 凡天下禍篡怨恨，其所以起者，以不相愛生也，是以仁者非之，既以非之，何以易之。子墨子言曰，以兼相愛交相利之法易之。然則兼相愛交相利之法，將奈何哉？子墨子言，視人之國，若視其國，視人之家，若視其家，視人之身，若視其身。

墨子在此對「兼愛」提出第一個明確的定義：兼愛即是視人之國，視人之家，視人之身為其國、其家、其身。因為人有了兼愛、愛人者，人必從而愛之、利人者，人必從而利之。墨子在〈兼愛中〉篇中更認為：「兼相愛，交相利是聖王之法，天下之治道，不可不務為也。」

人和人之間的不相愛，墨子認為這是「別」，墨子為了使人了解兼愛之本義，特別創出一個「別」的概念，把「別」與「兼」作個對比，即可看出其不同：

> 仁人之事者，必務求興天下之利，除天下之害，今吾本原兼之所生，天下之大利者也，吾本原別之所生，天下之大害者也，是故子墨子曰：別非而兼是者出乎若方也。今吾將正求與天下之利而取之，以兼為正。（〈兼愛下〉）

上述此段，墨子特別為兼愛提出一個相反但有助於了解兼愛之概念——別愛，並以兼愛為是，別愛為非。由此概念引申而有別士、別君和兼士、兼君。兼士和兼君必可從兼相愛交相利；而興天下之利，除天下之害。因此「興利除害」成為墨子學說和運動的核心，墨子也就建立起功利主義之標的，因此陳榮捷教授認為「此位功利哲學不以孔子之『中庸』或老子之『道』為中心原則以指導並規範經驗，反而以對實際經驗之通盤審驗以企及普遍原則。」〔註1〕

〔註 1〕 陳榮捷著，黎登鑫譯，《中國哲學史話》，收錄於《中國人的心靈》（台北：聯經出版社，1984 年出版），頁 37。

　　在墨子的思想中，某一價值是否實用之檢驗考測，方法即在應用與實用，經由應用此價值，以見其是否眞能達到「興天下之利，除天下之害」之效益，而兼愛便是此一應用的基本原則，透過人民，如君臣、父子、兄弟、諸侯、大夫之彼此的「兼相愛交相利」，以達到最大多數人之最大幸福，即如勞思光先生所言：

　　　　就墨子之論據而言：若果以平亂求治爲基本目的，又以「不相愛」
　　　　爲「亂」之源，則本應引出較深之問題。即如：就事象一面著眼，
　　　　應引出「人間衝突之客觀因素何在」一問題；就自覺心一方面著
　　　　眼，應引出「自覺心取何種方向乃能避免虧人自利」一問題。但墨
　　　　子不向客觀方面推究，亦不向自覺心內層反省，只扣住中間一段，
　　　　欲直接轉「不相愛」爲「兼相愛」。於是此後一切理論均以此點爲中
　　　　心。〔註2〕

　　吾人據此即可發現，墨子之兼愛觀念是落在作用層上來解釋，就作用層是「平亂求治」，平亂求治是最實際而又能創造最大多數之最大幸福，因而兼愛根本上落在實用上，而其目標又落在功用上，形成其功利主義。當墨子從事象上推出亂之緣由，墨子並未更進一步從客觀的事實上探究衝突之本，亦未由主體我之自覺心，開出價值事業，墨子雖以兼愛來貫穿解決主客觀兩重問題，墨子更把兼愛源頭推到「聖王」身上，來作爲客觀事實之引證，〈兼愛下〉篇特別說明：

　　　　故兼者聖王之道也，王公大人之所安也，萬民衣食之所以足也。故
　　　　君子莫若審兼而務行之，爲人君必惠，爲人臣必忠，爲人父必慈，
　　　　爲人子必孝，爲人兄必友，爲人弟必悌。故君子若欲爲惠君、忠臣、
　　　　慈父、孝子、友兄、悌弟，當君兼之不可不行也，此聖王之道，而
　　　　萬民之大利也。

　　行兼愛的結果是君惠、臣忠、父慈、子孝、兄友、弟恭，這是天下大利，也是聖王早已實行之道，焉能不爲兼愛，孟子曾以「摩頂放踵利天下爲之」來指稱墨子之事蹟，而就其內涵上亦可道出墨子行兼愛之極致。而兼愛之意義雖爲「愛人身若其身，愛人親若其親」，但其內容是「愛人身若其身」並非不愛己身，「愛人親若其親」也非不愛己親，同時依我先從事愛利人之親，而

〔註2〕勞思光，《中國哲學史》（一）（台北：三民書局出版，1981年2月初版），頁
　　　215。

後別人報我愛利吾親之原則，這是常情常理，殊爲正常，即如學者認爲：「墨子兼愛之說，乃是廣泛的泛愛主義。其立說的根柢在於『欲人之愛我，必我先愛人而後可』：兼愛的『兼』字包括了人我兩方面。」〔註3〕從人我之間的關係建立關懷，產生對等同理之心，人我之間彼此互相的溝通交流，「若」字即變成我和他人彼此關係建立的關鍵，「若」是以己身之立場去愛他人，爲他人設想，不把他人排除於我之外，方能產生人我之間的感應。

除了〈兼愛上中下〉篇對這個觀念有過一番論述外，墨子著作中亦有提及「兼愛」的觀念〔註4〕，這是後期墨家的觀念：

> 愛人不外己，己在所愛之中。己在所愛，愛加於己。倫列之愛，己愛人也。(〈大取篇〉)

> 愛人，待周愛人，然後爲愛人；不愛人，不待周不愛人。不周愛，因爲不愛人矣。(〈小取篇〉)

從〈大取篇〉的這段話來看，「愛人」之「人」泛指一切人，己亦人之一，故「愛人不外己，己在所愛中。己在所愛，愛加於己。」所謂「倫列之愛」泛指各種不同身份之愛，如愛親之愛，愛君之愛等。愛親，非泛愛天下之人，其愛僅及親而已，非如「愛人」之愛，故其愛乃由己及親，而不及「人」（一切人），因不及「人」，故亦不及「己」。故曰：「倫列之愛，己愛人也。」〔註5〕這也說明了己與人同是社會的一員，是一整體，從整體而言，愛人就是愛己，因爲我無法自外於社會的整體，所以眞愛己的人，當然要愛整個社會，

〔註3〕周富美，〈墨子兼愛說本議〉，《台大文史哲學報》第二十六期，1977 年 12 月出版，頁 107。

〔註4〕胡適之先生在《中國古代哲學史》中，對於墨子書五十三篇作了分類，依其之看法，可分作五組：

(1) 第一組，自「親士」到「三辯」，凡七篇，皆後人假造的。

(2) 第二組，「尚賢」三篇，「尚同」三篇、「兼愛」三篇、「非攻」三篇、「節用」兩篇、「節葬」一篇、「天志」三篇、「明鬼」一篇、「非樂」一篇、「非命」三篇、「非儒」一篇，凡二十四篇。大抵皆墨者演墨子的學說所作的。

(3) 第三組，「經」（上、下）「經說」（上、下）「大取」、「小取」六篇。不是墨子的書，也不是墨者記墨子學說的書。

(4) 第四組，「耕柱」、「貴義」、「公孟」、「魯問」、「公輸」這五篇，乃是墨家後人把墨子一生的言行輯聚來做的，就同儒家的論語一般。

(5) 第五組，自「備城門」以下到「雜守」凡十一篇。所記都是墨家守城備敵的方法。

〔註5〕陳癸淼，《墨辯研究》（台北：學生書局，1977 年 1 月初版），頁 179。

自己也就在所愛當中了。

再從〈小取〉篇更能看出兼愛的範圍，墨子所主的兼愛，必須周愛偏愛一切人，方爲「愛人」，反之，若有不愛任何一人，或是有愛有不愛，愛得不周偏，則不合兼愛之義。

最後從《墨經》之〈經上〉：「體，分於兼也。」在〈經說上〉對體作進一步的解釋：「體，若二之一，尺之端也。」就《爾雅》釋詁邢疏引《尸子‧廣澤篇》謂：

> 墨子五十三篇中，「兼」字凡一二六見，除了「將猶皆侵凌攻伐兼併」（天志下），「兼白黑」、「兼仁與不仁」（貴義）、「兼三晉之地」（魯問）、與「兼左右各守而犯」（致敵祠）等五個「兼」外，其他一二一見全與「兼愛」義有關。而這一二一個「兼」字都可解爲「全整」之意。

從其內涵而言，天下人相需而不可缺，是一種有機的組合，因相需而爲有機之組合爲「兼」，個人不能脫離人群而獨立存在，人我爲有機組合，因此須做到「視人之國若視其國，視人之家若視其家，視人之身若視其身。」蔡仁厚教授認爲：

> 所以墨子教人「行兼」之法，實際上可以歸結爲一句話：「視人如己」。視人如己亦即「愛人如己」的意思。由愛人如己便可以推出：「兼愛」乃是「同等的愛」或「無差等的愛」。這便是兼愛的內容涵義。〔註6〕

要人真的做到「視人如己」，要有周遍與全整，這個要求與義務從何而來，是內在的主觀上之律令，或是外在客觀的權威，墨子告訴我們，人是這個義務的實踐者，天志則是兼愛的根源，人之必須「行兼」則是「天志」的要求。〈天志上〉篇云：「順天意者，兼相愛，交相利，必得賞；反天意者，別相惡，交相賊，必得罰。」如果人人皆能兼愛利人推而廣之，必可利天下，〈兼愛下〉謂：

> 藉爲人之國若爲其國，夫誰獨舉其國以攻人之國者哉？爲彼者由爲己也。爲人之都若爲其都，夫誰獨舉其都以伐人之都者哉？爲彼猶爲己也。爲人之家若爲其象，夫誰獨其家以孔子之家者哉？爲彼猶爲己也。然則，國、都不相攻伐，人家不相亂賊，此天下之害與？

〔註6〕蔡仁厚，《墨家哲學》（台北：東大圖書公司，1983年9月再版），頁42。

天下之利與？則必曰：天下之利也。

以如此手段來達到天下之安寧，這僅僅是消極性的手段，兼愛該當有其積極性之目的，這就是墨子所說的「天下之利」，〈兼愛下〉說：

> 今吾將正求與天下之利而取之，以兼爲正。是以聰耳明目相與視聽乎！是以股肱畢強相爲動宰乎！而有道肆相教誨；是以老而無妻子者有所侍養，以終其壽；幼弱孤童之無父母者有所放依，以長其身。今唯毋以兼爲正，即若其利也。

第二節　價值根源

墨子之哲學異於春秋戰國諸家學說之特色，乃強調「天志」的觀念，認爲「天爲貴，天爲知」，所以勸人以「天」爲法儀。〈天志上〉說：

> 子墨子言曰：我有天志，譬若輪人之有規，匠人之有矩，輪匠執其規矩以度天下之方圓曰，中者是也，不中者非也。今天下之士君子之書，不可勝載，言語不可盡計，上說諸侯，下說列士，其於仁義，則大相遠也。何以知之？曰：我得天下之明法以度之。

墨子甚至主張「天兼天下而愛之，曒遂萬物以利之。」以「天」來統一天下，同時從〈天志〉上、中、下三篇中，吾人可以很清楚的看到「天志」實爲墨子兼愛之價值根源。

> 故子墨子之有天之意也，上將以度天下之王公大人爲刑政也，下將以量天下之萬民爲文學出言談也，觀其行，順天之意，謂之善意行，反天之意，謂之不善意行。觀其言談，順天意之意，謂之善言談。反天之意，謂之不善言談。觀其刑政，順天之意，謂之善刑政，反天之意，謂之不善刑政，故置此以爲法，立此以爲儀，以量度天下之王公大人卿大夫之仁與不仁，譬之猶分黑白也。是故子墨子曰，今天下之王公大人士君子，中實將欲遵道利民本，察仁義之本，天之意不可不順也，順天之意者義之法也。（〈天志中〉）

這段話把天志「權威主義」的精神表露無遺，並且提供兼愛一個價值肯定，天志是一個終極的權威，人的一切所作所爲，如意行、言談、刑政等等的善與不善（好與不好），皆是以天下之意志爲權衡判斷的標準，即如對兼愛之肯定，〈天志上〉謂：

> 順天意者，兼相愛，交相利，必得賞，反天意者，別相惡，交相賊，

必得罰。

是天志要求兼愛，人不能違背這權威之律令，人行兼愛，即是合於天志。吾人將天志上中下三篇之觀念，重新作一整理之後，分成如下二個層面來加以分析：

一、天志之意義內涵為何？

（一）天志是「天之意志」，是「義」，是「愛人利人」

墨子在〈天志〉篇中，把天志譬喻為「輪匠執其規矩以度天下之方圓」，以此上說諸侯，下說列士，其根據即在「我得天下之明法度以度之」，天志就是這個「天下之明法度」，但是天志之所表現何在？〈法儀〉篇說：「天欲人之相愛相利而不欲人之相惡相賊也。」〈天志下〉篇謂：「順天之意何若？曰，兼愛天下之人。」那到底天之所欲何在？墨子在〈天志上〉篇，即說：

> 然則天亦何欲何惡。天欲義而惡不義，然則率天下之百姓以從事於義，則我乃為天之所欲也。我為天之所欲，天亦為我所欲。

在此處天之欲即在於「義」，而且人之所欲與天下之所欲應是一致的，此「義」之理甚明，「義」自天出，天為義之價值根源，而天之所欲，是要人兼相愛交相利，可見天又為兼愛之終極根源。

天志既是天之意志，人應以天的意志，不能違反天的意志而行事，在〈法儀〉篇，墨子說：

> 天之行廣而無私，其施厚而不德，其明久而不衰，故聖王法之。既以天為法，動作有為，必度於天。天之所欲則為之，天所不欲則止。

> 天必欲人之相愛相利，而不欲人之相惡相賊也。奚以知天之欲人之相愛相利。而不欲人之相惡相賊也。以其兼而愛之，兼而利之。

由上述這二段〈法儀〉篇之內容來看，「天」兼愛天下，且又兼利天下，所以也要天下之人兼相愛，交相利，這便是兼愛的理念，且為天志的根本。

其次，墨子又把「義」的觀念作一發揮，並且要「率天下百姓以從事於義」（〈天志上〉），「天下有義則生，無義則死，有義則富，無義則貧，有義則治，無義則亂……此我所以知天欲義，而惡不義也。」在〈貴義〉篇說：「萬事莫貴於義」，這個「義」，在〈經上〉篇解釋為「利」，在〈天志上〉篇解釋為「義者，政也。」在〈天志中〉、〈天志下〉二篇說：「義者，善政也。」，「義」解為「利」、「善政」，可說涵蓋了經濟利民與為政利民的雙重意義，〈法儀〉

篇說：

> 天欲義而惡不義，何以知之？曰：天下有義則生，無義則死；有義
> 則富，無義則貧；有義則治，無義則亂。然則天欲其生，而惡其死，
> 欲其富而惡其貧，欲其治而惡其亂，此我所以知天欲義而惡不義也。
> 故順天意者，兼相愛交相利，必得賞；反天意者，別相惡交相賊，
> 必得罰。何也？天不欲人之相惡相賊故也。

墨子並且說出「義」從何來，認為「天為貴，天為知」。〈天志中〉曰：

> 子墨子言曰：今天下之君子之欲為仁、義者，則不可不察義之所從
> 出。……然則義何從出？子墨子曰：義不從愚且賤者出，必自貴且
> 知者出。……然則孰為貴？孰為知？曰：天為貴、天為知而已矣。
> 然則義果自天出矣。

說「天」為貴為知，是把天和人看成兩個相對的世界，天是超越且絕對
的人格神（後有詳述），而在現實世界的人是無法和天相提並論的。陳問梅教
授認為墨子提出的義對於天下之重要性：一、墨子不憚其煩地說明義必出於
天，這就足以表示：在墨子，義並不是現實世界中的事物，現實世界中本沒
有義。如果現實世界中原就有義，或者現實世界又有現成的義，則便不能，
亦不須說義出於天。這是必然的道理。二、墨子他是非常重視義的。所以他
說：「義者，善政也。何以知義之為善政也？曰：天下有義則治，無義則亂。
是以知義之為善政也。」由此可見，義對於天下之重要性。〔註7〕

從天之所欲而到義，再到義之表現在「兼相愛，交相利」上，吾人可以
肯定天必有愛與利之本質，也是價值與道德的特性之展現，天在自然與人文
的兩個世界中，天藉著其本質特性的愛與利，顯示出其永恆的價值義，在〈天
志中〉篇說：

> 且吾所以知天之愛民之厚者，有矣。曰：以磨為日、月、星辰，以
> 昭道之；制為四時，春、夏、秋、冬以紀綱之；雷降雪、霜、雨、
> 露，以長遂五穀、麻、絲，使民得利之；列為山、川、谿、谷，播
> 賦百事，以臨司民之善、否，為王、公、侯、伯，使之賞賢而罰暴；
> 賊金、木、鳥、獸，從事乎五穀、麻、絲，以為民衣、食之財。自
> 古及今，未嘗不有此也。

把愛和利施行於天下，充分表露出「天」創造了自然與人文的兩元世界。

〔註7〕陳問梅，《墨學之省察》（台北：學生書局，1988年5月初版），頁122。

如「磨爲日、月、星辰」、「制爲四時，春、夏、秋、冬」、「雷（隕）降雪、霜、雨露」、「列爲山、川、谿、谷」、「賊（賦）金、木、鳥獸」這是代表自然世界，而在人文世界則爲「爲王、公、侯、伯，更之賞賢而罰暴」，由此可以看出天之所以爲天的原因即是愛和利。

（二）天能賞善罰惡

墨子既以「天」爲有意志之人格神，祂能立宰人之生命，行使人間的統治權，賞善罰暴，更是天之制裁力，故在〈天志中〉篇曰：「天子爲善，天能賞之；天子爲暴，天能罰之。」如何能證明天具有如此賞善罰惡之能，墨子以三代聖王與暴王之例來予證明，〈天志上〉篇說：

> 順天意者，兼相愛，交相利，必得賞；反天意者，別相惡，交相賊，必得罰。然則是誰順天意而得賞者，誰反天意而得罰者。子墨子言曰，昔三代聖王禹湯文武，此順天意而得賞也。昔三代之暴王桀紂幽厲，此反天意而得罰者也。然則禹湯文武，其得賞何以也。子墨子言曰，其事上尊天，中事鬼神，下愛人，故天意曰，此之我所愛，兼而愛之，我所利，兼而利之，愛人者此爲博焉，利人者此爲厚焉。故使貴爲天子，富有天下，業萬世子孫，傳稱其善，方施天下，至今稱之，謂之聖王。然則桀紂幽厲，得其罰何以也，子墨子言曰：其事上詬天，中詬鬼，下賊人。故天意曰：此之我所愛，別而惡之，我所利，交而賊之，惡人者此爲之博也，賊人者此爲之厚也，故使不得終其壽，不歿其世，至今毀之，謂之暴王。

由此觀之，聖王與暴王之分別，即在於是否依天意而行，若反天意則爲暴王，天使其不得終其壽，不歿其世；而順天意者稱之聖王，天使之貴爲天子，富有天下，業萬世子孫，傳稱其善，所以順天意者得賞，反天意者得罰，天使天子因其是否順天意，而判之「聖王」與「暴王」，而「聖王」之作爲爲何？〈天志上〉篇又曰：

> 子墨子言曰：處大國不攻小國，處大家不篡小家，強者不劫弱，貴者不傲賤，多詐者不欺愚；此必上利於天，中利於鬼，下利於人，三利無所不利，故舉天下美名加之，謂之聖王。

這就是墨子所說的「義政」，它是順天意而行，但反之逆天意而行，墨子稱之爲「力政」，三代暴王桀紂幽厲，即是事實，〈天志上〉篇曰：

> 處大國攻小國，處大家篡小家，強者劫弱，貴者傲賤，多詐欺愚；

此上不利天，中不利於鬼，下不利於人，三不利無所利，故舉天下
惡名加之，謂之暴王。

天志之能，顯爲一擁有絕對制裁之「人格神」，天是無所不在，無所不能，
其所具有之強大之制裁力，而使「聖王」之政爲「義政」，而使「暴王」之政
爲「力政」，因此人不能不順著天之意志而行事，行爲不能不小心。

墨子提出「天志」之觀點來作爲評斷「義政」與「力政」之判準，實有
其歷史背景，「墨子是平民，他的思想觀念，亦顯示平民的性格。平民的意識，
一方面是純厚，另一方面則是守舊。春秋時代，原始宗教的觀念，已逐漸人
文化，那個有權威意志的天，在士人的意識裡已很淡薄，但在社會大眾的心
中卻仍然保留著。墨子的天志觀念，可以說就是當時民眾宗教心裡的一種反
映。」〔註8〕

（三）天是權威典範、法儀，天是政治的最高權源

墨子首先認定天志是「貴且知」，〈法儀〉篇曰：

天之行廣而無私，其施厚而不德，其明久而不衰，故聖王法之。既
以天爲法，動作有爲必度於天，天之所欲則爲之。天所不欲則止。

「天」的「貴且知」，所表達的意義，除了是權威典範之外，「天」還是
一具有德性價值的天，否則無法「廣而無私，施厚而不德（當作息），明久而
不衰」，「天」爲意志天其理甚明，蔡仁厚教授認爲：

據此，墨子所肯定的天，是具有德性價值的，是一個有善意的天。
第一句表示「天之行」有其「普遍性與無私性」。第二句表示「天之
施」有其「豐厚性與悠久性」。第三句表示「天之明」有其「永恆性
與不滅性」。〔註9〕

在〈天志上〉篇，墨子認爲天與天子之關係爲天子爲政於天下，而天又
爲政於天子，可見政治的最高權源，不在於天子，而是來自天。而在人間實
際爲政的天子，還必須「上同於天」，墨子曰：

且夫義者政也。無從下之政上，必從上之政下。是故庶人竭力從
事，未得次己而爲政，有士政之。士竭力從事，未得次己而爲政，
有將軍大夫政之。將軍大夫竭力從軍，未得次己而爲政，有三公諸
侯政之。三公諸侯竭力聽治，未得次己而爲政，有天子政之。天子

〔註8〕蔡仁厚，前引書，頁19。
〔註9〕蔡仁厚，前引書，頁20。

未得次已而爲政，有天政之。天子爲政於三公諸侯士庶人，天下之士君子固明知，天之政於天子，天下百姓未得之明知也。故昔三代聖王禹湯文武，欲以天之爲政於天子，明說天下之百姓，故莫不犓牛羊，豢犬彘，絜爲粢盛酒醴，以祭祀上帝鬼神，而求祈福於天。我未嘗聞天下之所求祈福於天子者也，我所以知天之爲政於天子者也。（〈天志〉）

〈法儀〉篇把天之範圍，說得更清楚，「今天下無大小國，皆天之邑也。人無幼長貴賤，皆天之臣也。」在現實世界之爲政爲各層級相遞爲政，由庶人、士、諸侯、三公而至天子，天又爲政於天子，「天」一方面是超越的人格神，有其意志，能賞善罰惡，而「天又爲政於天子」，這表示「天」是整個天下的統治者，由〈法儀〉篇即可明瞭，甚至吾人可說：天更是一個超越且絕對的統治者。故天下無論小國大國，皆是天之邑，人無分長幼貴賤，皆爲天之臣，天無所不包。

二、人如何來面對天？

天是無所不包，且能賞善罰惡，天有其德，且又是政治的最高權源，至此即產生一種對應的關係，「天人關係」的對應便成爲人如何在天之涵蓋下，人之所作所爲，要完全符合天之意志，此「天人關係」又是先秦諸子所共同面對思考的問題，還原其義，即是在說明「人與自然」的問題，墨子之天爲「意志之天」，人面對這樣具有意志權威的天，該如何自處，墨子提出了以下三個態度。

（一）人須戒之慎之

〈天志下〉篇很清楚且具體的說出人之應有的態度：

子墨子言曰，天下之所以亂者，其說將何哉？則是天下士君子，皆明於小，而不明於大，何以知其明於小，不明於大也，以其不明於天之意也，何以知其不明於天之意也，以處人之家者知之。今人處若家得罪，將猶有異家所以避逃之者，然且父以戒子，兄以戒弟曰，戒之慎之，處人以家，不戒不慎之，而有處人之國者乎。今人處若國得罪，將猶有異國所以避逃之者矣。然且父以戒子，兄以戒弟曰，戒之慎之，處人之國者，不可不戒慎也，今人處天下而事天，得罪於天，將無所以避逃之者矣，然而莫知以相極戒也，吾以此知大物

則不知者也，是故子墨子言曰，戒之慎之，必爲天之所欲，而去天
之所惡。

用「戒慎」來形容人對天的態度，這樣的觀念很容易產生此天爲「意志
之天」，天是一個有作爲的客體，墨子也承認此天有降禍福之主宰義，人在態
度上要以「戒慎心」來面對天之意，墨子言天之欲是「欲義而惡其不義」，天
之所惡的是「無義」，此處墨子把「義」解釋爲「正」，「正」是從天下之治亂
的結果來看。因此完成或實現天下爲治的義政，首要之法乃是每個人，上至
天子，下至庶民皆須「戒之慎之」，要能「正」，則必援引天志，墨子說：「然
而正者，無自下正上者，必自上正下。」（〈天志下〉）人既然面對的天之態
度是那種「戒慎」的態度，是故上同於天志乃爲理論與事實之必然，自上正
下表示一切的法度皆由天志而來，〈尚賢〉篇所言「聖賢王爲政於天下也，兼
而愛之，從而利之，是故天鬼賞之，立爲天子，暴王則天鬼罰之，使身死而
爲刑戮。」故天者義之所從出，唐君毅先生分析墨子論此天與鬼神，特別強
調「天與鬼神乃能知義，而本義以行其賞罰者。其中之天，尤自始爲一兼愛
萬民，公而無私，至神至明，而恆能知義，本義以行賞罰，而其行賞罰之事，
無不周遍者。」〔註10〕

故「義」爲天志之概念的集合，行義也就是行天之道，墨子特別講求人
面對天之態度是「戒慎」，更加證明他的確相信有天志與鬼神的存在。

就先秦之哲學思想演變來說，高懷民教授曾有深入之解析其演化的各階
段，他認爲：「由思想形態的改變上看人的進步歷程：天道思想→神道思想→
人道思想。」〔註11〕同時對於由天道而至神道之思想特色，說明如下：

在天道思想時代，人只是懵懂地寄生在大自然勢力之下，最早期的
人，未意識到自己與大自然的對立，到了逐漸意識到與大自然對立
之後，又因人智不能解釋大自然現象的神秘而生驚奇敬畏之感。伏
羲氏的八卦哲學，便是人在與大自然的對立的意識下，以驚奇敬畏
之心觀察分析大自然現象而建立。時代愈降，人智更進步，大自然
現象中如水、火、山、澤等雖已逐漸爲人所熟悉，但天地之高遠廣
厚以及雷、風災害之由來，仍非人智所及，在謀求改善生存保障的
心理驅使下，乃設想天地是一種有意志的超越勢力，能夠支配宇宙

〔註10〕 唐君毅，《中國文化之精神價值》。
〔註11〕 高懷民，《大易哲學論》（台北：成文出版社，1978 年 6 月初版），頁 231～
242。

萬物，能夠禍福人。於是天神、地祇、人鬼的思想興起。〔註12〕

由此觀之，墨子之時代已在孔子之後，孔子是中國哲學思想中首位標舉人道思想的巨匠，而墨子卻又特別強調「天志」，強調天志之重要與鬼神的制裁力量，〈魯問〉篇說：「國家淫僻無禮，則語之尊天事鬼。」於是人面對這個充滿著權威又具有好惡之天，只有採取原始宗教的敬畏態度，戒慎恐懼的依照天之意來實行，必須隨時「犧牛羊、豢犬彘，絜爲酒醴，粢盛以敬事天。」因此說「他的尙天志，明鬼神只是實行他的新政治社會理想的一種方法，墨子可以稱爲『實用的宗教家』。」〔註13〕

（二）實行天志必由上正下，人要法天

〈天志下〉篇曰：「義者正也，何以知義之爲正也，天下有義則治，無義則亂。我以此知義之爲正也，然而正者無自下正上者，必自上正下。」說明了自上正下是在天志理念實踐時的方法，人之正，所正何事，墨子在〈天志中〉篇說：

> 愛人利人，順天之意，得天之賞者有之。憎人賊人，反天之意，得天之罰者亦有矣，夫愛人利人，順天之意，得天之賞者誰也。曰若昔三代聖王堯舜禹湯文武者是也。堯舜禹湯文武，焉所從事，曰從事兼，不從事別，兼者處大國不攻小國，處大家不亂小家，強不劫弱，眾不暴寡，詐不謀愚，貴不傲賤。觀其事上利乎天，中利乎鬼，下利夫人，三利無所不利，是謂天德，聚斂天下之美名，而加之焉，曰此仁也義也。

天之意志的實現，落在人身上，其行爲表現的極致稱爲「天德」，是人有所得於天，將天之德性賦予我身，我之天德的內涵，即在「利」字，所利之對象爲天、爲鬼、爲人，由此可知天、鬼、人構成一個立體的世界模型，人之上爲鬼，再爲天，這是由上正下，因此人把此三利實現，此墨子所稱之仁、之義。那人要實踐天德，其效法之對象即在天，故主張「法天」，〈法儀〉篇曰：

> 今大者治天下，其次治大國而無法所度，此不若百工之辯也。然則奚以爲治法而可？當皆法其父母奚若？天下之爲父母者眾，而仁者

〔註12〕高懷嚴，前引書，頁236。

〔註13〕周富美，〈墨子的實學〉，《台大文化哲學報》第二十二期，1973年6月出版，頁126。

寡，若皆法其父母，此法不仁也。法不仁，不可以爲法。當皆法其
學奚若？天下之爲學者眾，而仁者寡；若皆法其學，此法不仁也。
法不仁、不可以爲法。當皆法其君奚若？天下之爲君者眾，而仁者
寡；若皆法其君，此法不仁也。法不仁，不可以爲法。故父母、學、
君三者莫可以爲治法。然則奚以爲治法而可？故曰：莫若法天。

墨子以爲百工無分巧拙，繩墨規矩是法，至於治理天下國家，人是不足
爲法的，可知人有其限度，仁者寡，故皆不足以爲法，唯一的效法對象，便
是超越的天，只有天才是絕對不變的價值，人間秩序的價值美善，皆由天來，
故人要完成天德，依墨子言唯一的方法、途徑便是「法天」。

第三節　以兼愛爲基礎之文化觀

墨子在其奔走重新建立新的價值秩序中，屢言：「仁人之所以爲事者，必
興天下之利，除天下之害。」這就是墨子學說立論的出發點，凡事有利於大
眾的就做，不利的不爲，針貶社會之道，在墨子認爲非常簡單扼要，即是「十
務」，十務的精神即是表現在〈貴義〉篇上的話：

凡言凡動利於天鬼百姓者爲之，凡言凡動害於天鬼百姓者舍之。

由此處可以看出墨者之所作所爲，皆以此爲原則，十務自當依此原則，
此原則之對象有三，其一爲天，其二爲鬼，其三爲百姓，所有的言論，行爲
必須符合此項標準，並且符合「應用」與「實利」，即如朱子在〈中庸章句〉
所稱之實學，「實用之學」矣。以其方法的「三表法」，有「本之者」、「原之
者」、「用之者」，最後仍歸結於「用」，而此「用」又與「仁人興天下之利，
除天下之害」相關聯。

如果說哲學是要解決人生與宇宙的問題，也因爲有了人之思想動作，經
由培養訓練，把人脫離了原始狀態，從原始之人，導向文化之人，哲學才能
切合人生。在實用與功利的濃厚的理念中，墨子除了上溯肯定天志，爲一切
價值根源，墨子更下開文化之器物和制度，蔚成其思想的特色。就其內涵而
言，墨子關切人生諸等問題，要遠比對宇宙問題之關心來得強多，以天志來
做爲人應實行兼愛之根據，而實際上人之文化生活又當如何？墨子首先提出
了「非樂」來做爲文化生活之規範。〈非樂上〉云：

子墨子所以非樂者，非以大鐘鳴鼓琴瑟竽笙之聲，以爲不樂也；非以
刻鏤文章之色，以爲不美也；非以芻豢煎炙之味，以爲不甘也；非

以高台厚榭邃之居，以爲不安也。雖身知其安也，口知其甘也，目
知其美也，耳知其樂也；然上考之不中聖王之事，下度之不中萬民
之利。是故子墨子曰：「爲樂非也。」

墨子之所以非樂，仍然是其一貫的權衡標準：「上考之不中聖王之事，
下度之不中萬民之利」，爲了證明「樂」爲「非」，墨子又提出一項事實予
證明。

昔者齊康公興樂萬，萬人不可衣短褐，不可食糠糟。曰：食飲不美，
面目顏色，不足視也；衣服不美，身體從容醜羸，不足觀也。是以
食必梁肉，衣必文繡，此掌不從事乎衣食之財，而掌食乎人者也。
（〈非樂上〉）

此段以齊康公因喜好音樂和萬舞，而使得國家滅亡之事。再以「不中聖
王之事」來說，在〈三辯〉篇中，墨子提出了爲樂非古聖王之本務。

程繁問於子墨子曰：夫子曰，聖王不爲樂。昔者，諸侯倦於聽治，
息於鐘鼓之樂；士大夫倦於聽治，息於竽笙之樂；農夫春耕夏秋和
斂冬藏，息於聆（瓴）缶之樂。今夫子曰，聖王不爲樂，此譬之猶
馬駕而不稅，弓張而不弛；無乃非有血氣者之所能至邪？

子墨子曰：昔者，堯舜有茅茨者，且以爲禮，且以爲樂。湯放桀於
大水，環天下自立以爲王，事成功立，無大後患，因先王之樂，又
自爲樂命曰護，又修九招。武王勝殷殺紂，環天下自立以爲王，事
成功立，無大後患，因先王之樂，又自作樂命曰象。周成王因先王
之樂，又自作樂曰騶虞。周成王之治天下也，不若武王；武王之治
天下也，不若成湯；成湯之治天下也，不若堯舜。故其樂逾繁者，
其治逾寡。自此觀之，樂非所以治天下也。

墨子所主張非樂，首先是不合聖王之事，其根據爲歷史的經驗法則與教
訓，因爲「樂逾繁，治逾寡」，可是墨子在此篇開頭即說「昔者，堯舜有茅茨
者，且以爲體，且以爲樂。」可見禮樂還是聖王之事，聖王有「樂」的事實，
墨子卻也未反對，他以逆溯方式說明因實施樂，成王治績不如武王，武王不
如成湯，成湯不如堯舜，墨子這樣的歷史經驗，到底還是不能否定聖王爲樂
之事實，蔡仁厚認爲：

以墨子那種質樸乾枯而乏澤的生命氣質，是無法了解聖人樂教（或
說禮樂之教）之價值的。他既然認爲「樂」非「所以治天下也」又

説「樂逾繁、治逾寡」，所以雖然事實上「古聖王」並非「不爲樂」，但樂的價值，墨子還是不能予以肯定。〔註14〕

以「自苦」的角度來看墨子所主張的「非樂」，甚至是他的其他學說，便很清楚的看出，因爲要「自苦」所以連同「鐘鼓琴瑟竽笙之聲」的音樂、「刻鏤文章之色」的雕刻、「芻豢煎炙之味」的烹飪與「高台厚榭邃野之居」的建築，全部包括在「樂」的範疇中，這些全部違背「自苦」的修持之道，胡適之先生認爲「這種觀念固是一種狹義功用主義的流弊」〔註15〕，上述的聲、色、藝術、建築因爲違反了自苦所以墨子乃予以全盤否定。

其次，我們再從「下度之，不中萬民之利」的層次來思考，爲何「爲樂」便會造成不中萬民之利呢？可以歸納出六項原因：

1. 爲樂浪費民財。
2. 爲樂不足禁暴止亂，於事無補。
3. 爲樂浪費民力，妨害生產。
4. 與人爲樂，荒廢時日。
5. 多養樂士，消耗財用。
6. 爲樂，荒廢眾人之「分事」。

尤其是第六項，因爲樂使得眾人失去具應盡之本務，形成社會原有之分工之功能被破壞，個人之本務荒廢，人人失其所，違反社會之分工，人人無法盡其己力，則衣食之財不足，國家必亂，亂則造成天下萬民之不利。因此「墨子之非樂，主要還是在於非斥人們之爲樂，而由非斥人們之爲樂進而否定樂本身，這是墨子非樂之必然的歸趨。」〔註16〕以負向的角度看非樂，不浪費即是節約和勤勉從事而已。

吾人以「非樂」來作爲墨子哲學之文化觀的第一個內涵，實因於儒墨互相批評中，非樂爲墨子對儒者批評之一論點，但通觀墨子之文化觀，並不僅限此，墨子還提出了節用與節葬的觀點，無論是「非樂」、「節用」、「節葬」，

〔註14〕墨子所説的「聖王不爲樂」與事實不合，墨子不去討論樂之價值，及在文化上之意義，他仍秉持其評判外在事物是否有「利」於天下百姓之原則，他非樂之目的是在節財用，以成就天下大利，其言非樂、節葬、節用無不以此標準。

〔註15〕胡適，《中國古代哲學史》（台北：遠流出版公司，1986 年 10 月二版），頁151。

〔註16〕陳問梅，前引書，頁 232。

貫穿其理念的爲「兼愛」，要人互愛，要實施周偏之愛，雖然墨子提出了天志爲其形上之根源，但在人生實際的生活方面，功利與實用是列爲第一優先，尤其在文化生活方面，墨子以其刻苦之精神，充分地賦予其文化觀上的功利與實用。

在墨子書裡，對於節用的觀念解釋引申，除了〈節用上〉、〈節用中〉二篇外，尚有〈七患〉與〈辭過〉二篇，尤其以〈辭過〉篇說得最爲詳盡，墨子提倡節用之動機，是針對當時社會之弊，對王公貴人之奢侈無度而來，求本之道是在教王公大人去奢、崇儉，使得天下國家蒙受大利。而其依據之標準爲何？〈節用中〉篇所稱之「凡足以奉給民用，則止。」節用的意義是僅在過著起碼的生活即可，其節用可分成以下五類：

1. 節宮室

聖王作爲宮室，僅在「便於生」，不以爲觀樂也。若節宮室則「天下之民得而治，財用可得而足」。

2. 節衣服

聖人之爲衣服，「適身體、和肌膚」而已，非榮耳目而觀愚民。然而今之君主則主張「觀好」，其結果則爲「民淫僻而難治，其君奢侈而難諫」而天下乃亂。

3. 節飲食

古聖王之爲飲食，僅在「增氣、充虛、疆體、適腹」而已，若不節飲食，富貴者奢侈，孤寡者凍餒，雖欲無亂，不可得也。

4. 節舟車

古聖王爲舟車是在「便民」，舟車只求「全、固、輕、利，可以任重道遠，其爲用財少而爲利多，是以民樂利之。」但今之君主，則是「必厚作斂於百姓以飾舟車，飾車以文采，飾舟以刻鏤」，如此則民飢寒並至而國亂。

5. 節蓄私

墨子認爲「上世至聖，必蓄私不以傷行，故民無怨，宮無拘女，故天下無寡夫。」若蓄私則「天下之男多寡而無妻，女多拘無夫，男女失時，故民少」，因此蓄私必須予以節制。

以上五點，可以統貫起來是若宮室、衣服、飲食、舟車與蓄私若不設法予以節制，則天下大亂，陳問梅認爲「節用一觀念既有其消極的節約成份，

又有其積極的生產成份，所以當這一觀念轉落於現實之用上時：王公大人一方面，必須去奢、崇儉或即去無用之費；另一方面，又須盡力設法使人民節約以及增加生產。王公大人和人民都能去奢、崇儉與增加生產，則必可以倍國或倍天下〔註 17〕。以此方法可以達到天下大利，墨子認為只要人人能有此認識和實踐，言與動二者能符合天鬼百姓，這樣才是墨子所主張的理念和現實情境。如此則過多的人為需求和享受皆違反了天下大利，必先去除為要，以此觀點，人的需求只要滿足是基本需要即可，過多繁瑣的人為造作不僅違反墨子的原則，而且也不需要存在，所謂「樂逾繁，治逾寡」即是這個道理。

〔註17〕陳問梅，前引書，頁 255。

第六章　從「人與自然」關係看仁與兼愛

第一節　天的概念分析與比較

從「人與自然」的角度來分析孔墨二子理念之分殊，可看出二子對於人與自然互動互應之關係的解釋之差異，人面對一個自己毫無所知，無法預測的「天」，該當如何自處，並且從自然之變化脈動中去做哲學性的思考，冀求在人與自然關係的架構下，尋求一個安身立命，趨吉避凶的立身處世之道和順世之法，這也就是先秦哲人共同思考的命題。高懷民教授認為：「由思想形態的改變上看人的進步歷程：天道思想而至而神道思想再至人道思想。」〔註1〕其意義為人道思想的提出與受到重視，正代表著人的進步歷程與成就。

同時，高教授亦對天道、神道、與人道思想作了非常詳盡的分析，此處僅簡單引述這三個時期的思想特色，以作為吾人思考人在歷經此三時期的變遷中，看出人和天的關係之演化：

> 在天道思想時代，人只是懵懂地寄生在大自然勢力之下，最早期的人，未意識到自己與大自然的對立，到了逐漸意識到與大自然對立之後，又因人智不能解釋大自然現象的神秘而生驚奇敬畏之感。伏羲氏的八卦哲學，便是人在與大自然對立的意識下，以驚奇敬畏之心觀察分析大自然現象而建立。時代愈降，人智更進步，大自然現

〔註1〕高懷民，《大易哲學論》(台北：成文出版社，1978 年 6 月初版)，頁 230～251。

象中如水、火、山、澤等雖已逐漸爲人所熟悉，但天地之高遠寬厚以及雷、風災害之由來，仍非人智所及，在謀求改善生存保障的心理驅使下，乃設想天地是一種有意志的超越勢力，能夠支配宇宙萬物，能夠禍福人。於是，天神、地祇、人鬼的思想興起。……

「神道思想時代」的來臨，即表示著人智的進步，過去在「天道思想時代」，人無由通情於天地，只有順受大自然勢力的播弄，現在卻能想出一種方法輸誠於天地，求天地鬼神怯禍降福。……

到了孔子時，「人道思想時代」算是眞正開始了，自此之後，人對自己的理智能力有了信心：立身處世，寧願取法於理智判斷，在理智之光照射下安排人生。這是人繼神道思想之後，又向上登升了一級。……〔註2〕

從上述天道、神道、人道三時期之演化及其內涵而言，孔子可說是把人的地位從神道思想時代的思想中獨立出來，塑造一個人文世界。但是人又要用何種態度來面對文化上與精神上無法予以拋棄、割離的幾個思考的對象，如下吾人將就「天」這個觀念加以比較分析，看出孔墨二子之見解與端倪。

一、孔子對「天」的理解與態度

從《論語》和《易・繫辭》、〈象傳〉、〈象傳〉、〈文言〉中，可以了解孔子處在神道時期與人道初萌的時空中，對於在天道和神道時期扮演重要角色和人心安頓的「天」，孔子自有其應對之態度，論語中「天」共出現了十六次。〔註3〕

王孫賈問曰：「與其媚於奧，寧媚於竈，何謂也？」子曰：「不然，獲罪於天無所禱也。」（〈八佾〉）

按其原義，王孫賈是衛大夫，他認爲與其浪費金錢，諂媚於祭祀鬼神，不如將此等花費用於滿足口腹之慾，但是孔子反對，孔子認爲祭祀乃國之大典大禮，爲政爲官者藉此禮儀，一方面依天意以律己，另一方面以祭祀儀禮向天表示其敬意，如果將此儀禮破壞，則恐將獲罪於此具主宰義之天，雖禱亦無用。

〔註2〕 高懷民，前引書，頁236～241。

〔註3〕 蔣致遠主編，《十三經引得：論語、孟子》（台北：宗青圖書出版公司，1989年1月初版），頁70。

　　在〈八佾篇〉另有一段話，是儀封人請見孔子後所說的話。

　　儀封人請見，曰：「君子之至於斯也，吾未嘗不得見也。」從者見之。出，曰：「二三子何患於喪乎？天下之無道久矣，天將以夫子為木鐸。」

　　此處「天將以夫子為木鐸。」雖非直接由孔子所說，但以孔子一生之努力及其文化使命感而言，確實當之無愧。

　　〈雍也篇〉提到，子見南子，子路不說。夫子笑之曰：「予所否者，天厭之！天厭之。」

　　〈述而篇〉提到，子曰：「天生德於予，桓魋其如予何。」

　　〈子罕篇〉：子畏於匡，曰：「文王既沒，文不在茲乎？天之將喪斯文也，後死者不得與於斯文也。天之未喪斯文也，匡人其如予何。」

　　〈子罕篇〉：子疾病，子路使門人為臣。病閒曰：「久矣哉！由之行詐也。無臣而為有臣，吾誰欺？欺天乎？且予與其死於臣之手也，無寧死於二三子之手乎？且予縱不得大葬，予死於道路乎？」

　　〈先進篇〉：顏淵死，子曰：「噫！天喪予，天喪予。」

　　〈憲問篇〉：子曰：「莫我知也夫！」子貢曰：「何為其莫知子也」。子曰：「不怨天，不尤人，下學而上達，知我者其天乎？」

　　以上八條是孔子自己所說對「天」的看法，此處之「天」雖仍帶有外在客觀權威之意義，但已非天道時期和神道時期之天，充滿著主宰與權威，掌握生殺大權，這也就是人的地位已逐漸突顯，是人智的進步，是相對的，而非絕對的，進一步來說，在孔子為人道獻身之精神內涵中，天對人之態度，端視人之所作所為，如果再把《論語》中，弟子們的話加上去，也能顯示出天的內涵。

　　〈公冶長篇〉：子貢曰：「夫子之文章可得而聞也；夫子之言性與天道不可得而聞也。」此處將「天道」合用。

　　〈子罕篇〉：子貢曰：「固天縱之將聖又多能也。」

　　〈顏淵篇〉：子貢曰：「死生有命，富貴在天。」

　　孔子並沒否認天具有《詩》、《書》期之主宰義之特性，但是孔子以其一生的努力重點核心，卻不是去探討對「天」之本質，或說天具有何種的能力，高懷民教授認為：

　　　　對於孔子一生的工作，我的看法可作兩方面論：一是他如何致力於

　　　　消除舊時代的神道思想，轉化人心使信仰人道思想；一是他如何致

力為新的「人道思想」建立一套做人的法則。〔註4〕

此外，程石泉教授亦認為：

「下學而上達」乃孔子終身力行之事，「下學」以知民生之多艱；上達以求推行仁政。為政之成功與失敗，際遇之或有無，心無怨尤。（著者按：指子曰：「不怨天、不尤人，下學而上達，知我者其天乎？」）孔門弟子之未深知故謂「知我者其天乎」？此「天」字所指者非僅神明之天，實乃義理之天也；正如「天生德於予，桓魋其如予何」之天；（述而）「天之將喪斯文」之天；（子罕）「天厭之，天厭之」之天；（公冶長）「獲罪於天無所禱也」之天；（八佾）「天將以夫子為木鐸」之天；（八佾）「天喪予」之天；（先進）「富貴在天」之天（顏淵）。〔註5〕

其次，在《論語》中，亦有幾段話談「天」：

〈泰伯篇〉：子曰：「大哉，堯之為君也。巍巍乎，唯天唯大，唯堯則之。」

〈陽貨篇〉：子曰：「天何言哉？四時行焉，百姓生焉。天何言哉？」

〈子張篇〉：子貢曰：「夫子之不可及也，猶天之不可階而升也。」

此外，在《易經‧繫辭傳》亦有將「天」視之為「自然之天」：

「天尊地卑，乾坤定矣，……在天成象，在地成形，變化見矣。」

「天行健，君子以自強不息。」（〈周易乾卦象傳〉）

「範圍天地之化而不過，曲成萬物而不遺，通乎晝夜之道而知，故神无方而易无體。」（〈繫辭傳〉）

李杜教授對於「天何言哉」，提出其見解；他認為「孔子以天說自然則除了表示了遍覆與浩大的意義外，更表示了自然的秩序性與規律性。因所說的『四時行』『百物生』即為對時間的秩序性與萬物的規律性的描述。」〔註6〕

從前述之分析可以理解出，孔子雖是繼承《詩》、《書》期的「天」之看

〔註4〕 高懷民，前引書，頁240。

〔註5〕 程石泉，《論語讀訓解故》（台北：先知出版社，1975年2月台一版），頁275～276。但程石泉在《論語讀訓解故》一書中，對於〈陽貨篇〉，子曰：「予欲無言。」子貢曰：「子如不言則小子何述焉？」子曰：「天何言哉？四時行焉，百物生焉；天何言哉？」欲又認為「天何言哉」之天乃自然造化之天，非宗教神明之天。但在同書第276頁，卻又將「天何言哉」歸為僅神明之天，實乃義理之天，可見其謬也。

〔註6〕 李杜，《中西哲學思想中的天道與上帝》（台北：聯經出版社，1978年11月初版），頁64～65。

法，認爲天雖有其主宰之意，但孔子已進一步將天視之爲外在，客觀的對象，開出人的價值，即是人所理解的天，不爲神性義之天所限制，人有其能力以突破，此能力即在人之道德實踐，亦即是以「仁」來貫通天與人之關係，其中尤以「天生德於予，桓魋其如予何。」（〈述而〉）「天之未喪斯文也、匡人其如予何。」（〈子罕〉）更能深刻的表達出人的重要性，人要有德，才能說是道德挺立，擔負起恢復周文價值之責任。人若無「德」即無法擔當此重責大任，如此一來人又怎能起「天生德於予」呢？是故，孔子將天作一轉化，不被神性義之天所拘泥限制，若再從易繫辭、彖傳和象傳來看，孔子拋棄了自西周以來的筮術占斷，以哲學之眼光加上理性的思考，重新解釋何謂吉、凶、悔、吝、几過等觀念，孔子開出了義理之天、心性之天的新義，如此與其「爲人道獻身」之宗旨才能不謀而合，因此義理之天落在人身上，那就是君臣之義，夫婦之義，父子之義，君子小人之義，這樣的義理之天內在於人之心上，也就開出了以後孟子所主張的「四端」之說，使得儒學得以延續。

「天」的觀念在孔子最重要的思想代表作《論語》中出現不多，其因乃在孔子是對周人之人文精神之自覺肯定，而孔子又常言，「吾從周」，同時用「仁」的概念和內涵來內化於人心，使之爲道德實踐的原動力，強調人之責任及意義，而無取於崇拜天之信仰。吾人可說：周文之人文精神透過孔子，使之有意義有價值。

在本節開始之處，吾人先分析孔子對於「天」之理解，然猶未能緊緊扣住何以有此含義？此處必需進一步去探求天之概念的歷史發展，何故？因爲進入人道思想時代，以神性義與自然義來作爲對天之概念理解之指引，進一步，本此基礎，，把「天」放在歷史時代思想的推演變化上，嘗試找出一個歷史思想發展的脈絡，因爲「任何一事物之生，一名言之立，都離不開時代，『天』字循著歷史的演變，一路貫穿下來，它的含義也自然跟著歷史時代思想而變，那麼，歷史的各時代思想不同，『天』字的含義也跟著有差別，實在是應理的事。」〔註7〕高懷民教授認爲：

> 「天」字的含義，從歷史時代上看，凡歷三個時代，即「天道思想時代」、「神道思想時代」與「人道思想時代」。所謂四重含義，乃依循著上三個思想時代而產生：「天道思想時代」的「天」，是大自然的天，頭頂上蒼蒼茫茫的渾然大象，八卦中「☰爲天」與說文解字

〔註 7〕 高懷民，前引書，頁 262～266。

中的「从一大」，均此時的「天」義，「神道思想時代」的「天」，則假想天為有意志者，能降人吉凶禍福，祭祀中與卜筮中作為祈求禱告之對象的「天」屬之。「人道思想時代」的「天」，則因人智進步之故，分作二義，一是外而言，「天」為宇宙運行的法則，周易十翼中的「天」字，大多屬之，如「天行健，君子以自強不息」是。另一是內而言，「天」由心性體悟而得，這是由於乾道變化性命，故性命與宇宙法則為一，內體性命之理，即得宇宙之法則，由是外在的「天」，一轉而為內在於心性。……〔註8〕

當吾人把「天」這個思想發展的脈絡找到之後，便可發現孔子身處「人道思想時代」之浪頭上，從其強調「仁」之價值與道德實踐，成就君子之道德人格，便不會覺得突兀，於是順天之理，探求外在之宇宙法則，內求心性建立，由外在而內在，順應而生道德價值。因此「天」不再是「天道思想時期」與「神道思想時期」的天，「天」之效用是以人內在的自覺自立而產生，人該當為其所做所為負責，為仁由己，生命由我完成，「仁遠乎哉！我欲仁，斯仁至矣」（〈述而〉）。

二、孔墨二子在「天」之觀念差異

墨子哲學之價值根源是來自「天志」，吾人在第五章曾對「天志」作了深刻的探討，認為墨子之「天」實乃權威主義，是一切價值之所由生，天為貴、天為知，天能賞善罰惡，天是權威典範，天是政治的最高權源。墨子所說的天，較近於「神性義之天」，是有位格、有意志、是至高無上，是人類萬物之主宰，如〈天志中〉篇所言：「今夫天，兼天下而愛也，檄遂萬物以利之，若豪之末，非天之所為。」

康端正教授認為「儒家並不重視天對我們行為的善惡直接降命行賞罰，而只重視我們的行為本身是否合理。合理的行為便是德行，人只要循理而行，直道而趨，自然會因此得到報償，即使不能獲致預期的效果，我們的行為依然要循理直道，決不可枉尺直尋。」〔註9〕由此觀之，人對於天的依賴程度降低，人對於自己命運的掌握較諸以前更為充分，人之生命主體的把握，使得人知道什麼是人的尊嚴。而墨子哲學裡，天志是墨子救世的法儀，也是理想

〔註 8〕 高懷民，前引書，頁 262～263。

〔註 9〕 唐端正，《先秦諸子論叢》（續篇）（台北：東大圖書公司，1983 年 4 月初版），頁 68。

價值的泉源，天要「義或惡不義」落在人身上，人的行爲便是「順天之意，
爲天之所欲」，墨子也利用「天志」的觀念，來建立起人和天的關係，天統攝
人之所行所爲，人之爲義，實行義政，皆是來自天之意志、命令，不得不如
此。依照思想形態之改變來看人的進步歷程，是由天道思想到神道思想，再
由神道思想到人道思想，以這個原則和進步歷程來看，墨子高懸對「天」之
價值判斷，作爲愛利天下之價值根源，是走歷史的回頭路，回到「神道思想
的時代」，以神道思想時代之特色來說：天地之變化及其變化由來，非人智所
能解釋，大自然大現象之充滿神秘的驚奇而生敬畏之心，籠照著人們，人該
當如何趨吉避凶確保生命與生存，這是人首先必須面對的問題，理智不可能，
觀察周遭景象又無法說服理智之困惑，於是走向神道的象徵：「設想天地是一
種有意志的超越勢力，能夠支配宇宙萬物，能夠禍福人。於是，天神、地祇、
人鬼的思想興起。」〔註 10〕吾人發現墨子的「天志」觀念，就其形式與內涵
而言，皆落在「神道思想」之時代，雖然以相信天、鬼神的方法來輸誠於天
地、求天地鬼神除禍降福。但是以墨子所處之時代在孔子之後，孔子所開出
之境界是人道特色、人文化成的理性時代，墨子不反思人之角色、地位與所
當做當爲，做爲道德實踐的主體而言，失去其內在理則與生命躍躍然的脈動，
人何復有意義與尊嚴。就墨子而言，天具有絕對支配義，但就孔子而言，他
以「仁」來喚醒人的自覺，以仁來貫通人與天，天人即我，我即天人，方東
美先生說：

> 儒家之徒往往從天地開合之「無門關」上脫穎而出，運無入有，以
> 設想萬有之靈變生奇，實皆導源於創造賡續，妙用無窮之天道。天
> 德施生，地德成化，騰爲萬有，非惟不減不減，而且生生不已，寓
> 諸無竟。因此呈現於吾人之前者，遂爲浩瀚無涯，大化流衍之全幅
> 生命景象，人亦得以參與此永恆無限，生生不已之創化歷程，並在
> 此「動而健」之宇宙創化歷程中取得中樞地位。〔註 11〕

〔註10〕 高懷民，前引書，頁 236。
〔註11〕 參考方東美，〈中國形上學中之宇宙與個人〉，收錄於《生生之德》（台北：黎
明文化事業公司，1987 年 7 月四版），頁 286。此外，牟宗三先生對「仁」之
見解，亦可視爲雙層理解，一爲「覺」，是指人，另一爲「健」是指天，他說
此「健」是易經言「天行健，君子以自強不息」。君子看到天地的健行不息，
覺悟到自己主要效法天道的健行不息。請參閱牟宗三，《中國哲學的特質》（台
北：蘭台書局，1973 年 2 月初版），頁 30。

人得以參與天地生生之創化，並且在「以人為中心」的價值觀前提下，肯定人性的「可使之完善性」（方東美先生語），其實即指「仁」的道德實踐與自我完成，仁是要吾人生命，通過覺來表現《易經》上所說「天行健，君子以自強不息」，人要像天那樣，藉由「創造性」，道德實踐之內顯與外張，把人的「可使之完美性」推向人文世界的高峰。所以孔子把「人」的地位抬出來，與神道時代相抗衡以「仁」來立人極，這說明人絕非被支配之對象，人卓然挺立於天地之間，人能德配天地，如孔子所言「天生德於予」，人所面對之天是一個道德的宇宙，因人之創造精神，而能「天人合德」。

第二節　鬼神觀念之比較

一、孔子對「鬼神」之觀念理解

《禮記・祭義論》謂：

> 宰我曰：吾聞鬼神之名，而不知其所謂。子曰：氣也者，神之盛也；魂也者，鬼之盛也；合鬼與神，教之至也。眾生必死，死必歸土，此之謂鬼。骨肉斃於下，陰為野土，其氣發揚于上，為昭明，君蒿，悽愴；此百物之精也，神之著也。因物之精，制為之極，明命鬼神，以為黔首則。百眾以畏，萬民以服。聖人以是為未足也，築為宮室，設為宗祧，以別親疏遠邇，教民反古復始，不忘其所由生，眾之服自此，故聽且速也。

由此段〈祭義〉所言，可得出如下幾點：

1. 氣是由神的充盛而言，魂是由鬼的充盛而有，眾生必死，死必歸土，這是鬼。眾生百物之氣發揚於上，百物精靈尊之為至高無上的神。神為氣，鬼為魂。

2. 聖人並不認為原始的巫術迷信是完善之行為，因此建築宮室，以宗廟祧廟，區別親疏遠近。

唐君毅先生認為：

> 中國宗教思想尚有一個特色，即人精神之不朽而成為鬼神。……然鬼神非即歸於天上，而一去不還。偉大之人格，必鬼而神。鬼為歸為屈，為人之精神之屈而入於幽，如卷而退藏於天地之密。神則為往而再來，為死後人之精神之申伸，而出於幽，以遠明，以放而彌

六合。鬼而不神，必其人格卑污者。故後世鬼恆有劣義。凡人格偉大者，其鬼必神，神必顧念世間，而求主持世界之正義，與生人相感通。在中國宗教思想中，尊神而卑鬼，神使人死後不朽之靈魂，不當成爲「去不還者。」〔註12〕

此外，《禮記‧表記》亦提到孔子對夏、商、周對鬼神之態度：

子曰：「夏道尊命，事鬼敬神而遠之，近人而忠焉，先祿而後威，先賞而後罰，親而不尊；其民之蔽，蠢而愚，喬而野，朴而不文。殷人尊神，率民以事神，先鬼而後禮，先罰而後賞，尊而不親，其民之蔽，蕩而不靜，勝而無恥。周人尊禮尚施，事鬼敬神而遠之，近人而忠焉，其賞罰用爵列，親而不尊，其民之蔽，利而巧，文而不慚，賊而蔽。

孔子認爲夏商周三代，對於鬼神之態度是有其差異，夏之政治方針，是事鬼敬神，但不以鬼神之道參入人民教化，而殷代的方針則是推崇神鬼，重鬼神而輕禮教，周代則是推崇禮法，敬事鬼神，但不以鬼神之道參入教化。在《論語》中，孔子回答弟子有關鬼神之間，亦可作進一步的證明。

子曰：「非其鬼而祭之，諂也。」（〈爲政〉）

樊遲問知。子曰：「務民之義，敬鬼神而遠之，可謂知矣。」（〈雍也〉）

吾人從前述《禮記‧表記》之記載，可以瞭解到夏、商、周三代對於鬼神之態度，夏與周同樣是事鬼神而遠之，這是忠於人道，忠於人道即是務民之意，孔子繼承周文價值，更把人道思想高舉於世，因此才有站在人道立場而說敬鬼神而遠之。

子曰：「禹吾無間然矣！菲飲食，而致存乎鬼神；無衣食而致美乎黻冕；卑宮室而盡力乎溝洫。禹吾無間然矣。」（〈泰伯〉）

這是說明孔子對禹之推崇其偉業，禹之作爲中亦有致孝乎鬼神之舉，但未能很明確的看出，到底孔子對鬼神之認知和其處理方法。《論語》中最明顯的一段即是：

季路問事鬼神，子曰：「未能事人，焉能事鬼？」敢問死，曰：「未知生，焉知死？」（〈先進〉）

再如「祭如在，祭神如神在。子曰『吾不無祭，如不祭。』」（〈八佾〉）

〔註12〕唐君毅，《中國文化之精神價值》（台北：學生書局，1976年出版），頁341～342。

　　由上述《禮記》之言與《論語》之教，可以很清楚的看出孔子對鬼神有其一貫和一致的態度，務民之義即在事人、事人才是人之本務，故孔子所不語者「怪、力、亂、神」（〈述而〉），爲人應落在禮上，故曰：「生事之以禮，死葬之以禮，祭之以禮。」（〈爲政〉）可見孔子耗費大部份之心血，建立了新來臨的人道時代的法則與對於鬼神應有之態度。他不討論鬼神，他告訴樊遲務民之義是敬鬼神而遠之，季路問鬼神，他說未能事人，焉能事鬼。在《中庸・十六章》，孔子對鬼神有如下之說，子曰：「鬼神之爲德，其盛矣乎，視之而弗見，聽之而弗聞，體物而不可遺，使天下之人，齊明盛服，以承祭祀，洋洋乎，如在其上，如在其左右。」而孔子把祭祀鬼神轉引至人倫親情關係的聯繫而非隔離，即如在其上，在左在右一樣，《中庸》進一步說明鬼神爲德，在人道思想上的意義和啓示。「夫孝者，善繼人之志，善述人之事者也。春秋修其祖廟，陳至宗器，設其裳衣，藉其時食。宗廟之禮，所以序昭穆也。序爵，所以辨貴賤也；序事；所以辨賢也。……踐其位，行其禮，奏其樂，敬其所尊，愛其所親，事死如事生，事亡如事存，孝之至也。」（《中庸・十九章》）由此觀之，孔子所強調者是以禮儀來取代對鬼神對崇拜，禮儀在上，鬼神是在下，誠如陳榮捷教授所言「不論孔子有意或是無意，他即使不摧毀，但也削弱了死後個人延續的信仰。」〔註13〕但是，吾人認爲就因孔子是站穩定在人道時代的基石上，對於鬼神是敬而遠之，此「敬」以人文化成之禮儀來表達，此敬是心中自我對作古親人之追念仰慕，是親親之情的流露，是「仁者，人也，親親爲大」（《中庸・二十章》），因此以理性來思考人對自然，人對人彼此的互應關係，落在人身上，爲人首應考慮的不是「事鬼神」，不是「知死」的問題，而是實然活生生的人，所應面對的人之問題，是「事人」是「事生」的問題，我們可以看出孔子把對鬼神之崇拜情愫，轉至禮儀人文教化，扣住人生命本然之活躍脈動，爲仁由己，己立立人而且己達達人，鬼神對我何有存在之價值，只要透過「敬」，人能道德挺立而成道德人格，親親關係建立，仁道開出文化之形式（禮），這就是生命，這就是事人。

二、墨子對鬼神之解釋

　　墨子書中〈明鬼〉上、中、下三篇，現僅存下篇，而通觀下篇之旨趣，

〔註13〕陳榮捷，〈中國宗教中之個人〉，收錄於《中國人的心靈》（台北：聯經出版社，1984 年 2 月初版），頁 274。

仍在於強調其有利於人生行為之實際功用和利益。墨子認為天下之亂皆起於「疑惑鬼神之有與無之別」(〈明鬼下〉)，他認為解決之道則是承認鬼神為實有，鬼神且能賞賢罰暴，人人相信則可達到興天下之利，除天下之害之境地。〈明鬼下篇〉首先便說：

> 子墨子曰：逮至昔三代聖王既設，天下失義，諸侯力正，是以存夫
> 為人君臣上下者之不惠忠也，父子弟兄之不慈孝弟長貞良也。正長
> 之不強於聽治，賤人之不強於從事也，民之為淫暴寇亂盜賊，以兵
> 刃毒藥水火，退無罪人乎通路率徑，奪人車馬衣裘以自利者，並作。
> 由此始，是以天下亂，此其故何以然也？則皆以疑惑鬼神之有與無
> 之別，不明乎鬼神之能賞賢而罰暴也。

墨子所看到的歷史事實是三代之後，因人們疑惑鬼神之有無，無法產生敬畏鬼神之心，因而導致社會、政治與倫理之大亂，所以墨子主張「鬼神」的觀念，其理一即是在恢復是人相信鬼神是具有「賞賢罰暴」的能力，人人心中有畏懼，人方能愛人利人，其結果即是「嘗若鬼神之能賞賢如罰暴也，蓋本施之國家，施之萬民，實所以治國家利萬民之道也。」(〈明鬼下〉)其理二即呈現借著鬼神的威權，施以宗教的制裁，使得鬼神的功用在達到天下治。鬼神到底是具有何種賞賢罰暴之能呢？墨子認為是「鬼神之明，不可為幽間廣澤，山林深谷，鬼神之明必知之。鬼神之罰，不可為富貴眾強，勇力強武，堅甲利兵，鬼神之罰必勝之。」(〈明鬼下〉)如此看來，鬼神是無所不能、無所不在，鬼神之懲罰則是無可逃避，依墨子之觀點：鬼神之具有支配與主宰之能殆無疑義，但墨子進一步提出以祭祀之形式，來建立鬼神之權威。

> 昔者虞夏商周，三代之聖王，其始建國營都，日必擇國之正壇，置
> 以為宗廟。必擇木之脩茂者，立以為菆位。必擇國之父兄慈孝貞良
> 勢，以為祝宗。必擇六畜之勝循肥倅毛，以為犧牲，珪璧琮璜，稱
> 財為度；必擇五穀之芳黃，以為酒醴粢盛，與歲上下也。故古聖王
> 治天下也，故必鬼神而後人者，此也。故曰：官府選效，必先祭器，
> 祭服，畢藏於府，祝宗有司，畢立於朝，犧牲不與昔祭群。」(〈明
> 鬼下〉)

這種祭祀之形式與禮讓乃是古聖王認為有鬼神所採取的一種敬拜方法。墨子一方面以鬼神乃具有賞賢罰暴之權威，故需以祭祀為之，另一方面則是將「功利實用」之哲理注入祭祀之內涵中，他說：

> 今絜爲酒醴粢盛，以敬愼祭祀，若使鬼神請有，是得其父母姒兄而
> 飲食之也，豈非厚利哉。若使鬼神請亡，是乃費其所爲酒醴粢盛之
> 財耳，自夫費之，非特注之汙壑而棄之也，內者宗族，外者鄉里，
> 皆得如具飲食之，使鬼神請亡，此猶可以合驩聚眾，取親於鄉里。
> （〈明鬼下〉）

不論鬼神之有無，對墨子以「鬼神」觀念來進行之社會改造，達天下大利，皆不失其實用之價值，若鬼神爲有，則祭祀有其價值，若鬼神爲無，墨子之言，內者宗族，外者鄉里，皆得如具飲食，且能合歡聚眾，取親於鄉里，亦是實利，因此墨子所主張之明鬼；要談其具有宗教上之意義大有疑問，因爲它實不具有成爲宗教之內涵，亦不在探究生命起源，今世來世之觀念俱闕，而僅在說明鬼神爲有爲無，皆有其實用價值而已。

墨子證明鬼神爲有，是存在的，其證明之方式，其一爲眾人的感官經驗之所見、所聞，如杜伯鬼之擊周宣王、句芒神之佑鄭穆公、莊子儀之鬼之殛燕簡公等等，其二爲就載於古籍之古聖王之事蹟，引述周書、商書、夏書以明鬼之存在。

最後，墨子認爲鬼神不僅存在，而且爲多，「子墨子曰：古之今之爲鬼，非他也，有天鬼、亦有山、水鬼神者，亦有人死而爲鬼神者。」（〈明鬼下〉）蔡仁厚教授對此有深入之分析：

> 據此，可知墨子分鬼神爲三：(1)天是人格神，是神明無邊的，其地
> 位亦最高。(2)山水鬼神。(3)人死爲鬼神。(2)(3)兩類的鬼神，其
> 地位自應在天神之下。故天志篇云：「上利乎天，中利乎鬼、下利乎
> 人」。可見「鬼神」的地位，合乎「天」與「人」之間。〔註14〕

因此，吾人便可把鬼神之位置作如下之圖示：

天（爲最高之主宰）──鬼神（山水鬼神、人死爲鬼神）──人（包括聖人與天子）

三、孔墨二子在「鬼神」觀念上之差異

不管從「務民之義，敬鬼神而遠之，可謂知矣。」（〈雍也〉）「子不語：怪、力、亂、神。」（〈述而〉）「祭如在，祭神如神在。」（〈八佾〉）或是「生

〔註14〕蔡仁厚，《墨家哲學》（台北：東大圖書公司，1983 年 9 月再版），頁 215～
216。

事之以禮，死葬之以禮，祭之以禮。」（〈爲政〉）而言之，皆可以看出孔子以身作則，在言行上疏遠鬼神，是爲人道思想之特色。吳康先生把孔子論鬼神之義理和精神，作了扼要的說明，「蓋孔子之學，爲完整之人道思想，以人道之基本觀念，推衍觀察，及於人生與宇宙。故以愼終追遠之祭祀，立其宗教儀文，以性命天道之眞情，闡其形上思想。」〔註15〕而之所以有如此之特色，是孔子從重實踐，體證上去理解，非孤立地去討論鬼神本身之概念，而是以「祭祀」將鬼神與人連接起來，亦可看出人之生的問題遠大於人之死的問題，說其態度則是講求道德上之誠敬，但不可以「事鬼神」來作爲取得福祥之手段，人更不可荒廢爲人之道，須用力於人道之所宜，對於鬼神之有無與存在與否，孔子認爲是在於人之誠敬，能如在左右，如在其上的經驗與感覺，完全是「致其誠敬」。尤其加上「仁」的觀念，以仁貫之祭祀鬼神，無仁心之貫通，則祭祀鬼神即無意義。即如朱子注季路問事鬼神一節云：「非誠敬足以事人，則必不能事神，非原始而知所以生，則必不能反終而知所以死。蓋幽明始終，初無二理，但學之有序，不可臘等，故夫子告之如此。」可見孔子對鬼神的態度是以其「誠敬」，鬼神不可知，既非積極的肯定，亦非消極的否定，但落在仁上時所肯定的是通過人之誠敬，看到了哲學意義的鬼神觀念，是敬鬼神而遠之，才是理性與智慧。

墨子所說的「明鬼」，是因天下人不知，不信鬼神能賞賢罰暴，故天下大亂，墨子認爲鬼神是存在的，因爲從「上古之古者聖王之事，下原察百姓耳目之實」，皆可證明鬼神存在，鬼神存在之功用不能祈求，〈魯問篇〉有一段話，說明事鬼神，僅有祭而已。

> 魯祝以一豚祭，而求百福於鬼神，子墨子聞之曰：是不可。今施人
> 薄而望人厚，則人唯恐其有賜於己也。今以一豚祭，而求百福于神，
> 唯恐其以牛羊祀也。古者聖王事鬼神，祭而已矣。

此外在〈明鬼下〉，墨子論鬼神之有、之無的效用，他說「若使鬼神誠亡，猶可以合驩聚眾，取親於鄉里」，可以看出在興天下之利，除天下之害的原則下，讓百姓人民相信鬼神是自有其客觀的存在，相信鬼神能賞賢罰暴，這就是墨子主張「明鬼」之本意，至於對鬼神是否有其眞情實感的感應和因其敬所產生之道德心，墨子並無述及；這和孔子講祭祀，「立愛自親始，立敬自長始」所發揚出來的尊尊和親親的價值次序，墨子是不能及的。

〔註15〕吳康，《孔孟荀哲學》（台北：台灣商務印書館，1987年10月五版），頁64。

第三節　命的概念解析與比較

一、孔子對「命」之認知

在《論語》中「命」字出現十九次，孔子處於人道思想的時代，將價值落在人的身上，以人為中心開出人與自然、人與他人、人與天諸多重關係，在這些多重關係中，卻有一個無可逃避的問題，那就是人當如何面自我之命，如何理解這有限而短暫的生命，命落在人上有何意義？以孔子而言，其一生以重振周文之價值為其使命，這種使命感和道德勇氣，又怎能面對自我生命之短暫，生命有其限定，有其結果之時，孔子的一段話說明他終也免不了須正視此命：

> 子曰：「飯疏食，飲水，曲肱而枕之，樂亦在其中矣。不義而富且貴，於我知如浮雲。」（〈述而〉）

> 子曰：「加我數年，五十以學易，可以無大過矣。」（〈述而〉）

以孔子懷抱文化使命，冀求人道早日實現，故疏食、飲水、曲肱而枕，仍不改其樂，並且視富貴如浮雲，當然吾人還可從孔子云：「士志於道而恥惡衣惡食者，未足與議也。」（〈里仁〉）來理解，但是生命之有限與結束，終難逃避，不假天年，終究是一無法突破的問題，所以孔子乃有「加我數年」之語，雖然前述二句之文，尚未能一語點出「命」之意義，但亦可初步理解到「命」是一無可逃避，人須面對的哲學問題。

在《論語》中依「命」字出現之先後順序，列舉如下：

1. 哀公問：「弟子孰為好學？」孔子對曰：「有顏回者好學。不遷怒，不貳過，不幸短命死矣。今也則亡，未聞好學者也。」（〈雍也〉，同樣的話在〈先進篇〉也出現過，故略）

2. 伯牛有疾，子問之。自牖執其手，曰：「亡之命矣夫，斯人也有斯疾也，斯人也而有斯疾也！」（〈雍也〉）

3. 曾子曰：「可以託六尺之孤，可以寄百里之命，臨大節而不可奪也，君子人與？君子人也。」（〈泰伯〉）

4. 子罕言利，與命與仁。（〈子罕〉）

5. 君名使擯，色勃如也，足躩如也；揖所與立，左右手，衣前後，襜如也；趨進，翼如也。賓退，必復命曰：「賓不顧矣。」（〈鄉黨〉）

6. 君命召，不俟駕行矣。（〈鄉黨〉）

7. 柴也愚；參也魯；師也辟；由也喭。子曰：「回也，其庶乎屢空；賜不受命而貨殖焉，億則屢中。」（〈先進〉）

8. 司馬牛憂曰：「人皆有兄弟，我獨亡。」子夏曰：「商聞之矣，死生有命，富貴在天，君子敬而無失，與人恭而有禮，四海之內皆兄弟也。君子何患乎無兄弟也。」（〈顏淵〉）

9. 子貢問曰：「何如斯可謂之士矣？」子曰：「行己有恥，使於四方不辱君命令，可謂士矣。」（〈子路〉）

10. 子曰：「爲命裨諶草創之，世叔討論之，行人子羽脩飾之，東里子產潤色之。」（〈憲問〉）

11. 子路問成人……子曰：「今之成人者何必然，見利思義，見危授命，久要不忘平生之言，亦可以爲成人矣。」（〈憲問〉）

12. 子曰：「道之將行也與，命也；道之將廢也與，命也；公伯寮其如命何？」（〈憲問〉）

13. 闕黨童子將命，或問之曰：「益者與？」子曰：「吾見其居於位也，見其與先生並行也，非求益者，欲速成者也。」（〈憲問〉）

14. 孔子曰：「天下有道，則禮樂征伐自天子出：天下無道，則禮樂征伐自諸侯出。自諸侯出蓋十世希不失矣：自大夫出五世不失矣；陪臣執國命三世希不失矣。……」（〈季氏〉）

15. 孺悲欲見孔子，孔子辭以疾，將命者出戶，取瑟而歌，使之聞之。」（〈陽貨〉）

16. 子張曰：「士見危致命，見得思義，祭思敬，喪思哀，其可已矣。」（〈子張〉）

17. 堯曰咨爾舜，天之曆數在爾躬。允執其中，四海困窮，天祿永終。舜亦以命禹。（〈堯曰〉）

18. 孔子曰：「不知命，無以爲君子也。不知禮，無以立也。不知言，無以知人也。」（〈堯曰〉）

從以上十八則的引文中，吾人大致可以理解並歸納出孔子言「命」之三內容：

（一）命爲自然生命亦是運命，是血肉之軀，父母所生，有始有終，人難逃其大限。如「顏回短命而死」、「伯牛有疾」、「死生有命」等語。但是從顏回短命而死與伯牛有疾來看，雖是人之自然生命消長，即如人之生老病死無可逃避，但是孔子在此處已隱然點出人之命與人之德的矛盾與衝突，亦即是人之德難道無以挽回自然生命之衰微和凋零，以顏淵、伯牛爲例，即是很好的例子。孔子讚美顏回「好學、不遷怒、不貳過」（〈雍也〉）、「回也、其心三月不違仁，其餘則日月至焉而已！」（〈雍也〉）「賢哉回也！一簞食，一瓢飲，在陋巷，人不堪其憂，回也不改其樂；賢哉回也！」（〈雍也〉）再看孔子對伯牛之疾之嘆，孔子讚冉伯牛以德行，與顏淵、閔子騫、仲弓等四人列爲「德行」，此在弟子中實爲傑出者，但竟得斯疾。孔子之嘆，即已顯示出，命之無常，人之種種努力，然竟無以克服自然生命血肉之身的苦痛死亡，這是何等的痛苦啊！但是，吾人從孔學之精神「知其不可而爲之」即可看出人之德雖無以延續自然生命之萎謝，但人終究不以功利爲主，非以其德來作爲延續有限生命的憑證，而是認知道德修養，成己成物，己立立人，己達達人才是本務，此時自然生命無法克服其命定，但人之道德生命無窮，故立德、立功、立言才是生命之眞實。這正是儒家哲學之獨到處，也是孔子人格及對待自己有限生命的偉大處，人的尊嚴即在此建立。

（二）命所指的是君之所命，是命令、任務、是禮儀、是動作、是政策。如「百里之命」、「君命召」、「賜不受命」、「不辱君命」、「爲命」、「將命」、「執國命」、「將命者」等等皆是此義。這不是孔子所言「不知命，無以爲君子也。」的重點所在。

（三）命爲義，以義安命，以義知命，是人正義凜然的面對，是基於「道」，基於「德」，置個人死生於度外的道德勇氣和道德使命感。是人所以爲人的基本存在理由，此命是絕對之道德標準，赴湯蹈火，在所不辭，故能舍生取義，如「見危授命」、「見危致命」，這是道德人格的具體實踐。劉寶楠之《論語正義》說：〔註16〕

> 人道之當然而不可違者：義也；天道之本與而不可爭者，命也。貧富貴賤得失死生之有所制而不可彊也，君子與小人一也。命不可知，君子當以義知命矣。凡義所不可，即以爲命所不有也。故進而不得命者，退而猶不失吾義也。君子以義安命故其心常泰；小人以智力

〔註16〕劉寶楠，《論語正義》，皇清經解續編。

> 爭命，故其心多怨。聖人之於命安之矣，實不以命爲準也，而以義
> 爲準，故雖力有可爭，勢有可圖，而退然處之曰義之所不可也。義
> 所不可，斯曰命矣。

由人義和天命的關聯建立了二者的內在關係，是故，道之將行與道之將
廢，皆了然於心，因是以義知命，以義安命，退然處之，不怨不悔。孔子言
「命」雖有上述三種意義，但是把命跳離生命之有限性與限制，開發出命之
哲學意義，並賦予文化價值，則是將「天」與「命」的觀念結合而爲「天命」，
因而有如下三章：

> 不知命，無以爲君子也。（〈堯曰〉）

> 五十而知天命，六十而耳順，七十而從心所欲，不踰矩。（〈爲政〉）

> 君子有三畏：畏天命、畏大人、畏聖人之言。小人不知天命而不畏
> 也，狎大人，侮聖人之言。（〈季氏〉）

上述的三章，很清楚的標示出來，君子與小人之不同，即在對於「天命」
之理解與詮釋上，君子是知天命、畏天命、順天命，而小人則是不畏天命、
不知天命、不順天命。而孔子還說：「莫我知也夫！子貢曰：何爲其莫知子也？
子曰：不怨天、不尤人，下學而上達，知我者其天乎？」（憲問）可見「知天
命」是孔子的思想由「人道」進入「天道」的境界，人心有天之「仁」，發揮
此「仁」，而去效法天之愛人愛物，以仁合天，由天落於人、落於物。天下之
互相融通，即在效法和學習天道的法則以應人事，因此「不怨天、不尤人，
下學而上達」，便是從自己開始作爲道德實踐之動力，這是「下學」，學是把
知識消化於生命，轉化成生命所具有之德性，其義在「只須努力踐仁，人便
可遙契天道，卻是使自己的生命與天的生命相契接」﹝註 17﹞，是故「下學」
是「踐仁」，「上達」是通於「天命」。

二、墨子對於「命」之觀念的批判

墨子對於儒家所主張的「命」之觀點，一直有著強烈的反對態度，且認
爲是「天下大害」，在他的著作中，很明顯的表達出來，如：

> 1. 〈公孟〉：公孟子曰，貧富壽夭，齰然在天，不可損益。又曰，君

﹝註 17﹞ 牟宗三先生認爲天命和人的生命互相感通，從「下學」的「踐仁」功夫，以
期「上達」於天命、天道，牟先生稱之爲「遙契」。見《中國哲學的特質》（台
北：蘭台書局，1973 年 2 月初版），頁 32～36。

子必學。子墨子曰，教人學而執有命，是猶命人葆而去其冠也。

2. 〈非命上〉：執有命者之言曰，命富則富，命貧則貧，命眾則眾，命寡則寡，命治則治，命亂則亂，命壽則壽，命夭則夭，命雖強勁何益哉。以上說王公大人，下以駔百姓之從事，故執有命者不仁。

3. 〈非命上〉：今用執有命者之言，是覆天下之義，覆天下之義者，是立命者也。

4. 〈非命上〉：執有命者之言曰，上之所賞，命固且賞，非賢故賞，上之所罰，命固而罰，不暴故罰也……此為君則不義，為臣則不忠，為父則不慈，為子則不孝，為兄則不良，為弟則不弟，而強執此者，此特凶之所自生，而暴人之道也。

5. 〈非命上〉：今用執有命者之言，則上不聽治，下不從事，上不聽治，則刑政亂，下不從事，則財用不足……故命上不利於天，中不利於鬼，下不利於人。而強執此者，此特凶言之所自生，而暴人之道也。

6. 〈非命下〉：命者暴王所作，窮人所述，非仁者之言也，今之為仁義者，將不可不察而強非者此也。

7. 〈非儒下〉：有強執有命以說議曰，壽夭貧富，安危治亂固有天命，不可損益，窮達賞罰幸否有極，人之知力不能為焉。

　　從上述七則引文中，很清楚的可以看出墨子有所「破」、有所「立」，先就所「破」這方面言說，墨子要打破「命」的迷思，所指的是主「貧富壽夭，安危治亂」其決定者為天，人是無法加以改變的思想，是一種消極的宿命主義者，人生境遇，成就取向與國家治亂，完全歸之於一種無以理解，而且又不是人所能把握的外在力量，李震先生稱之為「盲目的天命」〔註18〕在墨子所批評、非難的「命」，即是此種盲目的天命，上天之賞罰，完全背離了人之道德行為的客觀評斷，故為暴王所作，窮人所述，難怪乎墨子稱這種思想為「凶言」、「暴人之道」、「不仁」、「覆天下之義」，如此之天亦無客觀標準，故人之修德為善與否，根本上即無法和其自家生命發生關聯，因為人之貧富壽

〔註18〕李震，《中外形上學比較研究》上冊（台北：中央文物供應社，1982 年 6 月），頁 211。

夭完全是已經在預定的位置上，不可損益改變。人也無法透過德性修為，顯示出人之所以為人的本質與自由。

其次，再從「立」層面來看墨子打破「命」之說法，他到底想建立的新價值是什麼？有何內容？墨子在〈非命上〉篇；開宗明義的指出「古者王公大人，為政國家者，皆欲國家之富，人民之眾，刑政之治。」這是「上利於天，中利於鬼，下利於人」的「天德」（〈天志中〉），因為「三利無所不利」才是天下大利。進一步的話，這個新價值就是墨子哲學思想的三大綱領：

1. 上利於天：秉承天志而行，順天之意而為，故利於天，故尊天。
2. 中利於鬼：明鬼、事鬼。
3. 下利於人：兼愛、非攻、尚同、尚賢、節用、節葬、非樂、非命。

墨子既然已將三大綱領之價值提出，他得到這「三利」，顯然地在方法上不是從主體的道德實踐之經驗上，而是從客觀的歷史經驗上，以構成其知識性，理論性的進路，以「三表法」來予以歸納，並以此作為非命之主要理由，〈非命上〉云：

> 故言必有三表，何謂三表，子墨子言曰，有本之者，有原之者，有用之者。於何本之，上本之於古者聖王之事。於何原之，下原察百姓耳目之實。於何用之，發以為刑政，觀其中國家百姓人民之利。
> 此所謂言有三表也。

從第一表來看：本之者，上本之於古者聖王之事。〈非命上〉說：「古者桀之所亂，湯受而治之，紂之所亂，武王受而治之。此世未易、民未渝，在於桀紂則天下亂，在於湯武天下治，豈可謂有命哉？」在〈非命下〉說：「天下之治，湯武之力也；天下之亂也，桀紂之罰也。若以此觀之，夫安危治亂，存乎上之為政也。」因此治亂與否和命根本毫無相干，怎能用「命」來說明治亂。

從第二表而言：原之者，原察百姓耳目之實。〈非命中〉云：「我所以知命之有與亡者，以眾人耳目之情知有與亡。有聞之，有見之，謂之有；莫之聞，莫之見，謂之亡。」墨子以其耳目之聞見與否，來強調「命」並沒有出現在吾人耳目聞見之實存世界中。

從第三表言：發以為刑政，觀其中國家百姓人民之利。執有命之結果，墨子非常斷然的認為「上不聽治則政亂，下不從事則財用不足。」「亡失國家，傾覆社稷」、「衣食之財不足，而飢寒凍餒之憂至。」

綜合「三表法」之話，是要呼應前面他所建立的「三大綱領」，並以此為新的價值和典範，蔡仁厚教授認為：「墨子的『非命』，在消極方面是非斥人們由於信從命定論，而流於怠惰；在積極方面便是要人不信命而『強力從事』。」〔註19〕從墨子不厭其煩的引述「三表法」即可看出，他所要建立的新價值，以作為重整社會秩序的方法，他不遺餘力的批判執有命，他所憂慮的問題即是「群吏信之，則怠於分職，庶人信之，則怠於從事。吏不治則亂，農事緩則貧，貧且亂政之本，而儒者以為道教，是賊天下之人者也。」（〈非儒下〉）

三、孔墨二子在「命」觀念之分歧

「命」的《論語》中的意義〔註20〕，吾人大致理解、分析與歸納出命有三層意思，一為自然生命、二為命令、任務，三為以義安命。但墨子則主張「非命」，大肆批評知命之說，而事實上對於「命」的理解，在先秦時代亦出現了不同的主張和意義〔註21〕，在探討孔、墨二子對「命」之主張，試從下

〔註19〕蔡仁厚，前引書，頁61。

〔註20〕李杜教授認為在《論語》中，亦有天與命不相連而只說命的，他歸納出八條，茲引述其原文如下：

(1) 伯牛有疾。子問之。自牖執其手，曰：亡之，命矣夫。斯人也，而有斯疾也；斯人也，而有斯疾也。（〈雍也〉）

(2) 子罕言利與命與仁。（〈子罕〉）

(3) 不幸短命死矣。（〈先進〉）

(4) 死生有命，富貴在天。（〈顏淵〉）

(5) 道之將行也與，命也；道之將廢也與，命也。（〈憲問〉）

(6) 陪臣執國命，三世希不失矣。（〈季氏〉）

(7) 子張曰：士，見危致命。（〈子張〉）

(8) 不知命，無以為君子也。（〈堯曰〉）

李杜教授認為以上引八條中(7)是說人的生命。(6)是將生命的命字涵養應用於一國而說國命。(1)(3)與(4)則特別說出生命的限制，或為短命，或為患惡疾而亡，或為一般的死生限制。(2)(5)與(8)則不是由人的生命上說，而是指個人的行為或事情的限制，或指個人的行為或事情的限制，或指個人所在的社會或國家以至於天下的政治活動的限制。所說的受限制者彼此不同，但限制各受限制者既通稱為「限制」，故可以「命」字去表示。請參閱李杜，前引書，頁62～63。

〔註21〕先秦諸子對於「命」之主張即呈現不同的見解，即如唐君毅先生所言：「中國先哲言命之論，初盛於先秦。孔子言知命，墨子言非命，孟子言立命，莊子言安命順命，老子言復命，荀子言制命，《易傳》、《中庸》、《禮運》、〈樂記〉言至命、俟命、本命、降命。諸家之說，各不相同，而同淵源於《詩》、《書》

列三層面予以解析。

（一）從「仁」觀點看命

在前面第三章中，吾人曾分析孔子之「仁」在《論語》中的涵義有三，一爲愛人，二爲統攝諸德、是理想的道德人格，三爲存在的自我主體之內在的道德自覺。人之生命是血肉之軀有其限定，人終不免有生有死，這是自我必須認識且接受的問題，因爲事實上人是無可逃避的接受此現實。但是孔子所要人去做，去突破的是不能因受此先天之生理限制，而剝奪了人成就自我，成就愛人，成就道德世界之動力，仁既是愛人，愛人之表現即在修德的層層擴大，仁既然是覺，是健，朱子所云：「愛人仁之施」（《四書集註》），把「仁」擴充於親親與尊尊，其道德與價值規範，便是孝悌、慈睦、忠、孝、恭、寬、信、敏、惠等諸德之實踐，人之修德與實踐，其決定者不在天，而在於我，我本身即是一個能有自主性之主體，能以德作爲自我評斷之道德主體。《論語》中，孔子直言「命」之觀念和引申的，即是「道之將行也與，命也；道之將廢也與，命也。」（〈憲問〉）「不知命，無以爲君子也。不知禮，無以立也。不知言，無以知人也。」（〈堯曰〉）道行或道廢是「命」，孔子告訴我們要「知命」，吾人實踐仁之道，必不能順竟全功，面對所遭遇之困厄艱難、死生大事，但人最重要的是要盡我人之能事，盡人事之目標即在於踐仁成聖，實踐的過程中，面對如此之遭遇，該當如何自處？唐君毅先生認爲「孔子之知命，乃知：一切己力之所不能改變，而爲己之所遇之境，無一能爲吾人志道求仁之事之限極。」〔註22〕故「命」在消極面雖爲限制，雖爲阻礙，但從積極面而言，人之踐仁成聖則是一種「知其不可爲而爲之」的精神創發，以君子和小人來判分道德高下，如果失去了這一層積極的意義，君子和小人也就無從顯示其差別，人道世界的理想與價值也就無從實現，人一定要先經過這一層的淬勵，知道行、道廢之理安在，不然若是早就知道命定爲何，人何復有存在之必要。孟子思想承繼孔子之學，以他的觀念來予以詮釋孔子所說之命，在時間上不會相隔太遠，在義理上，直追孔子，其言如下：

> 孟子曰：「盡其心者，知其性也。知其性，則知天矣。存其心，養其
> 性，所以事天也。夭壽不貳，修身以俟之；所以立命也。」（《孟子·

中之宗教性之天命思想。」請參閱唐君毅，《中國哲學原論·導論篇》（台北：台灣學生書局，1986 年 9 月全集校訂版），頁 542。

〔註22〕唐君毅，前引書，頁 542。

盡心上》)

孟子曰:「莫非命也,順受其正,是故知命者不立乎巖牆之下。盡其道而死者,正命也;桎梏死者,非正命也。」(《孟子‧盡心上》)

孟子曰:「求則得之,舍則失之,是求有益於得也,求在我者也。求之有道,得之有命,是求無益於得也,求在外者也。」(《孟子‧盡心上》)

孟子曰:「口之於味也,目之於色也,耳之於聲也,鼻之於臭也,四肢之於安佚也,性也,有命焉。君子不謂性也。仁之於父子也,義之於君臣,禮之於賓主也,智之於賢者也,聖人之於天道也,命也,有性焉。君子不謂命也。」(《孟子‧盡心下》)

孟子在〈盡心〉篇的這些話,歸納其重要即在於「立命」是要吾人修身以俟之,我人與天之溝通,是「盡其心、存其心、知其性、養其性」這是人要努力的部份,如此方能達到「知天」,脩身之內涵,即是擴充仁德而成仁體,盡心存心、知性養性,才能正命,所謂正命即是「盡其道而死」,人若能秉持此一價值觀念,即如孔子所言「朝聞道,夕死可也」,人之生命短暫有限,但因我人修身踐仁,故順受其正,俗世之富貴壽考,不是吾人踐仁之考慮要件,孟子以「父子之有仁,君臣之有義,賓主之盡禮、賢者盡智,聖人盡天道」上述這五者盡其天職,這才是「立命」與「正命」的價值歸趨。孟子所言「修身以俟之」,絕非消極的等待,而是積極的作為,是踐仁修德而成文質彬彬之君子。

(二)從「天命」的客觀存在看命

「天命」〔註23〕觀念的提出是孔子將《詩》、《書》經時期的「天命」和人之作為相聯起來,他說:「五十而知天命」、「君子有三畏,畏天命、畏大人、

〔註23〕《詩》、《書》兩經中,對於「天命」之觀點,可見如下數端,以《書經》為例:
(1)「非台小子,敢行稱亂,有夏多罪,天命殛之。」(〈湯誓〉)
(2)「天乃大命文王,殪戎殷,誕受厥命。」(〈康誥〉)
以《詩經》為例:
(1)「有命自天,命此文王。」(〈大明〉)
(2)「天命靡常」(〈文王〉)
這說明了在《詩》、《書》經時期的天命,無論是個人或國家的命運,均與上天之命令有關。

畏聖人之言。」在在顯示他對於「天命」這個理念的關注，天命是天之所命令，人必須順服，而孔子所行之道，皆以符合天道爲準，從天與天命的客觀存在，透過吾人之反省，使得客觀的天命（天道）與人之生活相連，以天命來做爲我人人性與道德性之需要和存在基礎，從積極的意義而言，我人之道德實踐順服天命、配合天命，縱使有挫折失敗，亦能心安理得，「天命」之觀念價值，依孔子言則是在面對一個應然與實然的問題，培養出合理的態度，又能安頓吾人之心。孔子因對「天命」之充分理解，故有「天生德於予，桓魋其如予何！」（〈述而〉）自我之德性擴充與涵養，除了本身之作爲努力外，另一則是來自天命，任何外在力量（如桓魋）是不能輕易撼搖的。再如「子畏於匡，曰：『文王既沒，文不在茲乎！天之將喪斯文也，後死者不得與於斯文也！天之未喪斯文也，匡人其如予何！』（〈子罕〉）此乃表示孔子以其強烈的使命感來完成此項依天命而行的積極行動，並實踐天命之價值與規範，此外孔子還說：「不知命，無以爲君子也。」（〈堯曰〉）充分地說明，仍然有許多的事不是說人是此世界之主宰，便能解決此問題，仍然有許多的限制與範圍，人是無能爲力的，即以《禮記・表記》所言：

> 子曰：「下之事上也，雖有庇民之大德，不敢有君民之心，仁之厚也。
> 是故君子恭儉以求役仁，信讓以求役禮，不自高其事，不自尊其身，
> 儉於位而寡於欲，讓於人，卑己尊人，小心而畏義，求以事君，得
> 之自是，不得自是，以聽天命。

此處君子修德之結果是完完全全的實現道德人格，以恭儉、信讓來成全仁與禮，卑己尊人，小心而畏義，這樣的盡己爲人，而到最後對自我努力之評量，還能坦然面對，即如孔子所面對之社會情境而理想不張時，「得之自是，不得自是」，項退結教授所言之「界限情況」〔註24〕之出現時，君子的自愛之道即變得重要，這也正是孔子強調「知天命」的意義。

（三）墨子所非之「命」及其「天志」的引申

〈非命〉篇是墨子批評執有命者之言的重要篇章，如「執有命者之言曰，

〔註24〕 項退結教授認爲「天命」在孔子的思想中，有幾種意義。他認爲「五十而知天命」這句話的眞諦是意識到上天要他從事實際政治的使命而不計成敗，「君子畏天命」是指對上天命令的順服。另一方面，孔子也深深意識到有許多人完全無能爲力的「界限情況」，並相信這些情況來自上天的安排，因此稱之爲命，如「道之將行也與命也，道之將廢也與命也。」請參閱項退結，《中國人的路》（台北：東大圖書公司，1988 年 1 月初版），頁 139。

命富則富，命貧則貧，命眾則眾，命寡則寡，命治則治，命亂則亂，命壽則壽，命夭則夭，命雖強勁，何益哉。」（〈非命上〉）依墨子所批評的話來看，執有命者對於人之實然情境所遭遇的各層面的現象，如富、貧、眾、寡、治、亂、壽、夭，皆無以逃避，無以選擇且無法改變此事實，此處「則」字代表必然如此，人無自由予以改變。墨子所最憂慮的是「以上說王公大人，下以驅百姓之從事。」（〈非命上〉）如此一來，與他所一貫主張的「上利於天，中利於鬼神，下利於人」之三利不合，也與他學說之主旨「興天下之利，除天下之害」的理念不合，如此一來相信執有命者之言，其結果是天下必亂，非命者之言，才能使得社會上之各階層對象努力從事，舉凡王公大人、卿大夫、農夫與婦人等皆「不敢怠倦」，若信有命，其結果則為「怠」為「倦」，怠不利於天下。

> 王公大人，貴若信有命而致行之，則必怠乎聽獄治政矣，卿大夫必
> 怠乎治官府矣。農夫必怠乎耕稼樹藝矣⋯⋯上以事天、天鬼不使，
> 下以持養百姓，百姓不利必離散，不可得用也。

墨子總結其批評，認為儒者之言是「暴王所作，窮人所術，非仁者之言也。」（〈非命下〉）墨子這樣的評斷，對於孔子在〈憲問〉篇所言的「知其不可為而為之」的畏天命精神，顯然未能深諳孔子之哲學旨趣與使命感，孔子以積極行動執行天命之使命感而不得不然，同時我人還須了解此命亦非我所能控制與掌握，天命固然對我有所安排，但仍端視於我人之行動，要不然既知命當如此，孔子也就沒有必要為其仁道理想與人文世界之開創，而奔走周遊列國。

其次，若從「天志」的觀點來看，墨子一直把「天志」當成其價值根源，如「天之志者，義之經也。」「順天意者兼相愛，交相利，必得賞；反天意者，別相惡，交相賊，必得罰。」，此處之天乃具有賞罰之意志，天志是天之義，天要人兼相愛，交相利，這又與天之命令何異？墨子既服膺天志，認為人依天志而行才是興天下之利，而儒者執「以天為不明，以鬼神為不神」（〈公孟〉），在無天、鬼神之志為前提下，儒者之言，首先背反了天志，人不信有命，即是一切以天志為標準，在〈非儒〉篇「壽夭貧富，安危治亂，固有天命，不可損益。」這是不利於天下的，如此一來王公大人，下至農人婦女皆怠倦於所事，而利天下則是「天志」的要求，是「天意」的表現，因此非命合乎天意，人能非命，等於順天之意，為天之所欲。

第七章　從「人之自我實現」
看仁與兼愛

第一節　內在精神

　　在《論語》中，孔子對於德性實踐的態度和立場是「爲仁由己」，是以自己生命爲起點、爲對象，要使生命行於仁義之塗，道德的實踐也就是重視生命的表現，所以孔子從主觀方面開發出仁、智、君子與聖的生命和道德領域，這個生命主體與道德主體，還可從〈乾卦・卦辭〉：「元、亨、利、貞。」來理解，孔子對此段話所作的解釋是：「元者，善之長也。亨者，嘉之會也。利者，義之和也。貞者，事之幹也。君子體仁，足以長大。嘉會，足以合禮。利物，足以和義。貞固，足以幹事。君子行此四德者，故曰乾元、亨、利、貞、亨。」（〈文言〉）其中的「君子體仁，足以長人」充分地說明「仁」字之重要，天地能「仁」則宇宙萬物得以生存，聖人能「仁」則長人治人必屬可行，仁爲始初之點，是一切生命生發之源頭，君子若能把握並體會其生命之起點爲仁，則參贊化育乃有可能。孔子建立了以「仁」爲中心的人道思想體系，以「推己及人」之「推及」爲方法，向外層層開拓。高懷民教授認爲：

　　　　孔子似是預爲發揚人道思想的歷史使命而來，自少年時代開始，便
　　　　把目標指向「人」，他先從明「禮」出發，以身爲倡，講求禮化一個
　　　　人的視聽言動，然後再在內心中建立一個「仁」的高尚思想，在「禮」
　　　　與「仁」的外內規範下，決定一個人的品格。〔註1〕

〔註 1〕高懷民，《先秦易學史》（台北：台灣商務印書館，1975 年 6 月初版），頁 45。

外在有禮的行為，如果沒有內在的「仁」來作為指導，禮之最後亦僅僅是存在著僵化的形式而已，即如孔子所言「人而不仁，如禮何？人而不仁，如樂何？」（〈八佾〉）進一步而言，人若沒有本然存在仁德，徒具有禮樂外在的文飾，又怎能說是個「人」呢？在本章第三節，吾人會分析「君子」的觀念，而事實上孔子的「君子」與「小人」之分別，也就在於對自己性命的自覺與不自覺的差別，人要有這個始念之動的自覺，才有「覺」，也才有「仁」，「仁」也就成為孔子內在精神的原動力，它指謂的是人與人之間的互助互愛、相互關懷的情感，它落在人道的範疇。當樊遲問仁時，孔子答覆「愛人」（〈顏淵〉），人能愛人，是表示自我為主宰，而非來自外在之律令而要人去愛人。

孔子以「愛人」來說「仁」，必有原因，高懷民教授之分析如下：

> 孔子早期在未知天命的五十歲以前，和弟子們相討論的「仁」，即論語中回答子路、顏回、仲弓、司馬牛等的仁，都以人道為範疇。到了五十知天命以後，乃將「仁」擴大為天地對萬物之之愛，即易傳中的「仁」，從此「仁」成了天人之德。也即是說，人一生的道德修養，都在「仁」德之中，開始於內體心性，秉持一念之仁去行事，最後以體會到天地之大仁大愛為終極。〔註2〕

牟宗三先生認為：孔子的「仁」具有兩大特質，一為覺、二為健，他對於「覺」的看法是：

> 覺——不是感官知覺或感覺，而是悱惻之感，即論語所言的「不安」之感，亦即孟子所謂惻隱之心或不忍人之心。有覺，才可有四端之心，否則便可說是麻木，中國成語「麻木不仁」便指出了仁的特性是有覺而不是麻木。〔註3〕

在同篇文章中，牟先生進一步的說仁，「仁以感通為性，以潤物為用。」感通是生命（精神方面的）的層層擴大，而且擴大的過程沒有止境，所以感通必以與宇宙萬物為一體為終極，也就是說，以「與天地合德、與日月合明、與四時合序、與鬼神合吉凶」為極點。潤物是在感通的過程中予人以溫暖，並且甚至能夠引發他人的生命〔註4〕。仁既是感通，既是潤物，感通是人我之

〔註2〕高懷民，《中國先秦與希臘哲學史之比較》（台北：中央文物供應社，1983年12月初版），頁143。

〔註3〕牟宗三，《中國哲學的特質》（台北：蘭台書局，1973年2月初版），頁29～30。

〔註4〕牟宗三，前引書，頁30。

間的共通共融，而潤物又是感通過程不能缺少的關懷和溫暖，故孔子說仁是愛人；即可得到證明，如果人與他人之間，人與自我之間沒有這種完全出於生命同情共感，那麼不不仁即可成立，因此仁是眞性情的流露，毫無任何功利而言，只有愛人，使得生命不會凋萎，使得因愛人而能生發生命的意義，這種悱惻之感它是主觀的、又是內在的，人若沒有這個潤物感通的活水源頭，即會形成宰我問三年之喪期已久，而對照出來的仁與不仁。

> 宰我問：「三年之喪，期已久矣！君子三年不爲禮，禮必壞，三年不
> 爲樂，樂必崩，舊穀既沒，新穀既升，鑽燧改火，期可已矣！」子
> 曰：「食夫稻，衣夫錦，於女安乎？」曰：「安！」「女安則爲之。夫
> 君子之居喪，食旨不甘，聞樂不樂，居處不安，故不爲也，今女
> 安，則爲之。」宰我出，子曰：「予之不仁也，子生三年，然後免於
> 父母之懷。夫三年之喪，通喪也！予也有三年之愛於其父母乎！」
> （〈陽貨〉）

宰我因未能體會出「三年之愛於其父母」的眞諦，生命中的人我融通斷絕，如何言愛。既無眞感情，居三年之喪已是太久，一日或十日之喪都嫌太多，此即孔子言因有了「愛人」爲內在之精神，潤物感通才使人我之間活潑起來，產生交感融通的和諧狀態，它是因爲有了覺，覺此行爲安或不安，所以孔子所言因父母之愛，此愛雖屬父母子女之骨肉親情之愛，但其內在之精神卻是感通潤物；擴而大之，對他人、對物、對自然，莫不因此愛，因此仁，而有了發自內心，而非外鑠。仁存於心，發於外，孔子才說「君子之居喪，食旨不甘，聞樂不樂，居處不安」，此處之「不甘、不樂與不安」，無非是愛的作用，而生發出哀傷之情。

陳大齊先生對於以「愛人」釋仁，他根據〈雍也〉篇的這段話「夫仁者，己欲立而立人，己欲達而達人。能近取譬，可謂仁之方也已。」提出其見解：

> 「立」與「達」是愛的表現，是愛所由以發揮的途徑，亦是愛所欲
> 收穫的效果。所以「己欲立」與「己欲達」是愛自己，「立人」與「達
> 人」是愛他人。〔註5〕

所以，陳大齊先生認爲「愛人之必兼括自愛與愛他，且可由以領悟，愛自的另一面正是愛他。」依此，愛人是仁，仁是愛人，不管愛自或愛他，皆

〔註5〕陳大齊，《孔子言論貫通集》（台北：台灣商務印書館，1987年6月二版），頁
80。

不能缺乏這個內在精神，若少了這內在精神，則生命枯槁，了無生趣，感通和潤物無法打通自我與他人之道德心靈，眞實的主體生命也就不存在了。

此外顏淵問仁，孔子的答覆是：

> 子曰：「克己復禮爲仁。一日克己復禮，天下歸仁焉。爲仁由己，而由人乎哉？」顏淵曰：「請問其目？」子曰：「非禮勿視，非禮勿聽，非禮勿言，非禮勿動。」

人因有此疏通潤物人我的自我意識，守其人道和爲人之規範（禮），而用禮來約束自己，所以爲仁之道當由己身行之，由己身行人道，也就是愛自，由愛自而愛他，而達天下之人無人不仁，依此內在精神，則人道之方向即明顯的顯現出來，「不怨天、不尤人，下學而上達」和「君子上達，小人下達」，上達是愛自與愛他的價值取向。

找到一個人之內在精神作爲外在行爲的指引殊非易事，孔子自述其一生學養修德之歷程，「吾十有五而志於學，三十而立，四十而不惑，五十而知天命，六十而耳順，七十而從心所欲，不踰距。」（〈爲政〉）三十而立所指的是學禮，因不學禮，無以立，禮重外在之行，四十而不惑，即是找到了禮之所以然的內在根據，內外相通，通達無礙。「禮與仁，一重外行，一重在內心。禮重外行，故言禮制、禮法、禮儀，故僅就禮而言，畢竟爲一種外在法規的強制力量所支配，如果要使禮發於自然，不感受強制之力，那只有在內心建立起禮的信念；換句話說，即使外行發自內心。然而在內心建立起禮的信念一事，殊非易事，又必對禮之外行熟知熟習，由『用』之方，悟及『體』之發；由形式之末，發現出道理之本。」〔註6〕孔子這樣的爲學實踐之過程，他是主動的冀求反省，由此發現這樣的根源，絕非是由外在客觀權威的命令所支配，人可以作自己的主人，因人有自覺，由禮之用而深刻地反省到仁之體，悟到外在之禮的內在根源，在內心中揭出禮的根源便是「仁」，有此「仁」不僅是「感通爲性，潤物爲用」，更是內與外、知與行的貫通，在形式表現上即是禮，就精神作用上便是愛。

墨子主張「兼愛」，要能兼相愛才治，交相惡則亂，爲什麼要兼相愛呢？依墨子之看法是爲了「治天下」所必須，而治天下之必須兼相愛，也不是出於人的同情共感，生命的感通和潤澤，兼愛的內在根源可說是非常貧困和枯槁，甚至要爲兼愛找到內在根源是何其的困難。吾人發現：兼愛的價值根

〔註6〕高懷民，《先秦易學史》，前引書，頁218。

源即是天志，從兼愛中我們看不出生命的同情共感，形式上來說兼愛是視人之身若其身，視人之國若其國，但是不是因爲人有這種自覺，自覺到這是人之所以爲人的本質，答案爲：不是，而是「天志」，是因爲這個外在的、客觀性的權威，來自他的命令，而無人的自覺，天志是爲現實世界「建體、立極」。〔註7〕

〈天志中〉云：

> 今夫天，兼天下而愛之，檄遂萬物而利之。若豪之末，非天之所爲也，而民得而利之，則可謂否矣。

縱使微小如毫末者皆是天之所作所爲，即表示天創造萬物是鉅細靡遺，天之兼天下而愛之即屬必然，這其中「愛」與「利」則是並存，天以「愛和利」爲本質，人爲天之所生，所以人當本著天之「愛與利」以治天下，人順天之意即能相愛相利，人之所以能兼相愛交相利，不是出於人內在的自覺，而是出於外在的天，這是天的意志，天有意志，它的意志是透過「欲與惡」來表現，而它所欲所惡的對象，便落在人的行爲上，〈法儀〉篇說：「天必欲人之相愛相利，而不欲人之相惡相賊也。」因此，墨子所肯定的是天，天是他自己救世活動的一個法儀，也是現實世界的一個法儀且是唯一的，人要兼相愛和交相利，而不能相惡相賊，這不是自己本心的發現，不是出於己而是出於天志的命令，這和孔子所說的「爲仁由己」的主觀存在的道德自覺，實大相逕庭，人要成爲道德之人，依孔子的觀點是人要去擴充這個內在的本源──仁體而發爲用，仁體是現實世界的，是生命的主體，它是眞實存在的：天志「它並不是現實世界的一個事物，而是超越於現實世界一切事物之上的一個絕對體。」〔註8〕

依墨子之理論，人要實行兼愛，並非來自人之內在的自覺，而是要去符合天之意志的要求，人只要效法古聖王如禹、湯、文、武實行兼愛於天下，天必福祿之，立之以天子；相反地，古暴王如桀、紂、幽、厲均是兼惡天下，天即禍之，使之國家滅亡，因此符合天之意志便是利，此「利」是天下大利，

〔註7〕墨子爲現實世界「建體」、「立極」，「天志」便是現實世界唯一的法儀，是絕對的價值標準。「建體」與「立極」之觀點，引自蔡仁厚教授之說法，此外，陳開梅教授亦同樣提出相同的見解，請參見蔡仁厚，《墨家哲學》（台北：東大圖書公司，1983 年 9 月再版），頁 119。陳問梅，《墨學之省察》（台北：台灣學生書局，1988 年 5 月初版），頁 115。
〔註8〕陳問梅，《墨學之省察》（台北：台灣學生書局，1988 年 5 月初版），頁 117。

人只是天道行其意志的工具而已，人沒有自由，人之所謂進德修業，非自我要求而完成，人僅是完成天志的代言人，因為人並有內在的根源和內在的精神，去推動人文化成的事業，人僅是存在著單向且縱向的上下之天人關係，天志為主人，而人是僕人，這個主僕的關係，並沒有平面地，橫向的人與人之感通潤澤與溝通，嚴格來說，這個生命所代表的不是真實的生命，它也非真實的本體，更不是真正的主體，真我之存在價值無由顯現。這和孔子所主張的仁，不管在本質上，內在精神上，道德修為上，境界上皆相去甚遠，因為「仁代表真實的生命，既是真實的生命，必是我們真實的本體，真實的本體當然又是真正的主體，而真正的主體就是真我。」〔註9〕由此看出仁是普遍地存在於個人主體性的生命境域。

最後，吾人引莊子在〈天下篇〉的一段話，來說明墨子因缺乏道德生命的內在精神，外求於天志，人非真我的情境下，其結果為：

> 其生也勤，其死也薄，其道大觳，使人憂，使人悲。其行難為也，
> 恐其不可以為聖人之道，反天下之心，天下不堪，墨子雖獨能任，
> 奈天下何？離於天下，其去王也遠矣。

「反天下之心，天下不堪，墨子雖獨能任，奈天下何？」一語道出了生命僅是從屬，生命僅是被天志支配，縱使其道使人憂，使人悲，知天下之亂自何起，但其行難為。這個生命不是真我，人與自我之間毫無潤澤，人與他人之生命毫無感通，在感通的過程中無法予人溫暖和把握其真實生命的脈動，又怎能引發出他人之生命之配合，莊子實在說得好「反天下之心，天下不堪」，自我真實生命無從主宰，僅具外在之行為（以裘褐為衣，以跂蹻為服，日夜不休，以自苦為極），又如何能己立立人，己達達人。雖然墨子以天志之義來指導行為的準則，但是他所認知的義是自天出，而不是仁者，甚至是一般人的內在精神的自覺，很明顯的這個原則己離開了吾人生命主體，並且把「義」客觀化為撥亂反治，興利除害的功利思想。

第二節　實踐進路的輔助與支持條件

先秦時代，無分孔墨或其他學派，對於哲學著重在實踐，其實踐之進路不重在理智的思辯，以孔子而言：踐仁成聖的道德實踐是其學說之特色，是

〔註9〕牟宗三，前引書，頁30。

主體對外在世界人，自我、天、事等方面關係的調和與合理，不管其投射與
對應之對象爲何，從自己的內省修德，於是德性我成立方有實現之可能。墨
子通篇學說與思想，亦有一條清晰而且可欲的目標，求天下之治，興天下之
利，除天下之害是仁人爲天下度之目標。孔子哲學理念中，仁的理想與信念，
大致獲得肯定和堅持，但是要完成「仁」的價直，還需要一些道德實踐上的
補助條件，來輔助「仁」與支持「仁」，方不致受蔽，或淪於受用之制，減損
降低了仁之精純。根據吾人研究，孔子踐仁成聖的實踐進路中，仁是有一些
生命的智慧來予輔助支持，因他們與仁的結合，使得仁益加顯示出其可欲和
實踐的價值。

一、仁與智

　　爲仁與踐仁需要「智」來補助與支持，愛人亦須有一理性的分析和判斷，
絕非盲目的衝動；仁需要「智」予以支持，此「智」可分爲如下之內涵：首
先，「學而不思則罔，思而不學而殆」（〈爲政〉），「知之爲知之，不知爲不知，
是知也。」（〈爲政〉）再如「君子欲訥於言，而敏於行。古者言之出，恥其躬
之不逮。」（〈里仁〉）要造就完善人格之典型，固然知識之求取爲方法之一，
但不能僅以從事抽象玄思和表層知識爲主，是故學而不思與思而不學絕不能
達成「智」的學習與開發，更何況要使得我人之行事足以證其言和足以踐其
言，吳康先生稱之爲「思學兼施，知行並進」〔註 10〕因此仁道世界的開發，
論學必求實踐，以獲參證，若僅以浮面知識爲滿足，則孔子之憂即出現：「德
之不修，學之不講、聞義不能徙，不善不能改，是吾憂也。」（〈述而〉）這個
爲學之理趣與孔子自述「吾十有五而志于學」其理相通，因此爲學致知、躬
行實踐乃能致善。

　　其次，吾人說仁是「愛人」，它是屬於感情的關懷與對待，因此仁是情，
無情即無仁，〈憲問〉篇云：「愛之能勿勞乎！」，這也說明了愛的限制和會有
窒礙蒙蔽之時，因此如何避免吾人之感情作用遮蔽仁之清明以陷入不義不仁
便成爲施行仁道時不可逃避的問題。吾人看孔子如何消解情感之蔽。

　　1.「好仁不好學，其蔽也愚。」（〈陽貨〉）

　　2.「未知，焉得仁。」（〈公冶長〉）

　　3.「知者利仁。」（〈里仁〉）

〔註10〕吳康，《孔孟荀哲學》（台北：台灣商務印書館，1987 年 10 月五版），頁 6。

4.「唯仁者能好人，能惡人。」(〈里仁〉)

仁是體，用是方，君子以仁存心，要內外通貫，知行貫通，但是面對舉世滔滔的外在環境，僅有愛人之自覺，如果不從「好學」，求知辨正上來充實自我，可能連最起碼的辨識能力皆付之闕如，這個辨識之能是讓吾人可免感情作用而害理，君子要修己治人，總得了解修己治人安人的知識，了解修己安人是屬認知範疇，但是如何辨清君子小人則是「智」的價值範疇，因為人是否成就價值之追求與實現，便是從為學到智慧開發之路。為學、好學是理智活動，但這僅是「智」的一個內涵，君子成德最重要的是「生命的通體透明」〔註11〕牟宗三先生認為：

> 道德生命的發展，一方面須要仁，另一方面須要智來補助與支持。
> 仁而智的生命，好比一個瑩明清澈的水晶體，從任何一個角度看去
> 都可以窺其全貌，絕無隱曲於其中，絕無半點瑕疵。這樣沒有隱曲
> 之私，通體光明瑩澈的生命，可以經得起任何的引誘與試探，能夠
> 抵得住一切的磨折與風浪，永遠不會見利忘義，或者淪落到「利令
> 智昏」的境地。〔註12〕

吾人之價值選擇與價值判斷會有見利忘義，甚至產生利令智昏，便是生命之智慧晦澀幽暗，仁體、仁之本不得透顯清明所致。尤其當吾人之愛，因受到錯誤價值導引，而失去其正當之行動方向，陷於溺中無以自拔，此時即需要智之補助與支持。因此求「智」之產生與功用，除從學以建立智之功用外，仍須透過內省，如曾子所言：「吾日三省吾身」(〈學而〉)和孔子所云：「內省不疚，夫何憂何懼」(〈顏淵〉)，當吾人開發出「生命的智慧」後，以此智慧來補助行仁之實施判準，當生命無隱曲，利與義之分別在君子面前便呈現清楚之佈局與位階，人即可依於仁而實踐道德，修己以安人。仁需要智之補助才能成仁之大與完美，君子之道由仁，智相需相成，知者不惑(〈子罕〉)才有愛人和智慧判準合一，感情與理智和諧，行動和知識同步，三者齊一，孔子對此有如下之描述「仁者安仁、知者利仁」(〈里仁〉)。「仁者不憂、知者不惑」(〈憲問〉)與「知者樂水，仁者樂山。知者動，仁者靜、智者樂，仁者壽。」(〈雍也〉)以仁、智並舉，開出生命的智慧與融通，以智輔仁，摒除感情之蔽，使得生命走向理性與客觀，故仁者動靜有常，對一切外在事象之曲

〔註11〕牟宗三，《中國哲學的特質》(台北：蘭臺書局，1973 年 2 月初版)，頁 250。
〔註12〕牟宗三，前引書，頁 26。

折變化了然於心，故能經權相衡，守常知變。

二、仁與禮

《論語》中孔子對於「禮」的討論，其出現之次數為七十五次，雖較「仁」字為少，但亦可看出孔子對「禮」之重視。在《禮記》中開宗名義把「禮」定義為「夫禮者所以定親疏，決嫌疑、別同異、明是非也。」（〈曲禮上〉）孔子所開出人道思想之內涵裡，「禮」對於仁之意義為何？徐復觀先生說：「通過人生的自覺反省，將周公外在底人文主義轉化而為內發底道德底人文主義；此種人文主義，外可以突破社會階級的限制，內可以突破個人生理的制約，為人類自己開闢出無限的生機，無限的境界，這是孔子在文化上繼承周公之後而超過了周公制禮作樂的最大勳業。」〔註13〕

《論語》中，孔子對於「禮」之重視，列舉下列數端：

　　子曰：「立於禮」（〈泰伯〉）

　　子曰：「不學禮無以立。」（〈季氏〉）

　　子曰：「不知禮，無以立也。」（〈堯曰〉）

要由「禮」而發現「仁」，孔子的進路是「三十而立」，此「立」是指其對於禮之禮制、禮法、禮儀有成，做人處事知所遵循，有所操持，而「四十而不惑」，是「仁者不憂與知者不惑」（〈憲問〉），此處之「不憂與不惑」是為外在與內在的相應，找到了外在行為之「禮」之所以如此的內在依據，因此由外而內，內溯到禮之價值依據根源「仁」，把握與充實此「仁」，因此外在之行與內在價值理據合而為一，仁與禮因而互相指引與實踐，外在行為無不合乎禮。

《禮記‧仲尼燕居》曰：「禮也者，理也。」禮是外在之具體行為合乎仁德實踐之原理原則，因此一切的制度、儀式、禮節皆應以「合理」為依據。由禮之理看來，它是行為的規範，有節制的作用，故有稱之曰「禮節」，在個人的德性修養來說，志於仁道，體悟仁體之道德主體，努力修養品德而言，禮是人性至仁的依據，因此，吾人可從如下之數例孔子之言，看出仁與禮之互相對待與互為補足之關係：

顏淵問仁：子曰：「克己復禮為仁，一日克己復禮，天下歸仁焉，為

〔註13〕徐復觀，〈釋論語的「仁」〉，收錄於《學術與政治之間》（台北：台灣學生書局，1985年4月再版），頁309。

仁由己，而由人乎哉？」顏淵曰：「請問其目」子曰：「非禮勿視，
非禮勿聽，非聽勿言，非禮勿動。」顏淵曰：「回雖不敏，請事斯語
矣！」（〈顏淵〉）

　　視、聽、言、動四者乃是人日用行事之開端，四者皆宜有一定之條理秩
序，才能內合於仁，外不違禮，人之行為從循序漸進，遵理體仁，則「克己
復禮」即可達到一體之仁，並達至天下歸仁，而「為仁由己」與「天下歸仁」
更把禮之行為提升到以吾人之仁心看天下之萬事萬物，無不守其合理的秩序
和規範，透過自我之努力，而成就德性主體。因此，禮之表現於外在形式也
就具體化，「生、事之以禮，死，葬之以禮，祭之以禮。」（〈為政〉）

　　《中庸》說：「人者，仁也」，《禮記‧表記》曰：「仁者人也」就人之道
德生活而言，僅有仁而無禮，仁之價值義無從彰顯，僅有禮而無仁，人之行
為失去根源依據，那僅是虛偽小人，因此仁與禮是人道德生活的兩端，就具
體、真實的道德生活中，仁不能無禮，仁與禮是同一道德生命的內外兩面，
仁禮相連為一體。孔子言：「恭而無禮則勞，慎而無禮則葸，勇而無禮則亂，
直而無禮則絞。」其義為：恭慎勇直之心，於行為表現上，如果不恰當，不
合其秩序，亦是流弊百出，陷入如勞、葸、亂、絞之惡果。這也即如熊十力
先生所言：「禮節者，仁之貌也，貌者誠於中，形於外也，仁存乎中，其應物
現形，溫然有節文。」之義。

　　墨子主張兼愛，形勞天下，以其刻苦實踐之精神，開出墨學之特色，兼
愛同樣用在人道之世界，但是墨子並無像孔子把仁和智，仁和禮拿來對待而
行，以「智和禮」來充實自我之人格，孔子和墨子之差別，在於有無「仁的
自覺」，人要勉力為善，不敢自欺，以求仰俯不愧於天地，可以看出道德我的
努力與尊嚴，論語所云：「道之以政，齊之以刑，民免而無恥。道之以德，齊
之以禮，有恥且格。」（〈為政〉）但是墨子對於道德實踐之進路，是落在外在
之事功和功利上，成就之人格特質為「功利我」，墨子並無任何主張以證明透
過其內在的自覺，至政、刑可到之處，墨子主張「非攻、尚賢、尚同、節用、
節葬、非樂、非命」，當政、刑不及之處，墨子則大力主張「尊天事鬼」，以
天志、鬼神取代人的地位和人之自覺，否則便無法確切保障人之兼相愛和交
相利。因此，人心之自覺有無與政刑所到處與不及處，在墨子之學說中，可
以很明顯的看出，墨子所認為之「人」或「生命」的理念，完完全全是為「天
志」而活，而不是為自己而活，政刑之施為落在功利實用層次，政刑不及處，

則以賞罰之權威來行使,則和孔子所主張之「道之以德,齊之以禮,有恥且格」,其在實踐進路上差異甚遠,更遑論其輔助與支持條件。

第三節　理想人格

孔子對於「仁」為道德自覺和道德實踐之過程,傾其一生來加以落實,對於「仁」這個道德理念的追求,孔子曾說:「德之不修,學之不講,聞義不能徙,不善不能改,是吾憂也。」(〈述而〉)為人的基本條件,是先從修德、為學、行義、改過遷善做起,但其理想與目標為何?孔子以底下的這段話說明了這個目標的遠大:

> 子曰:「若聖與仁則吾豈敢?」(〈述而〉)

> 子曰:「聖人吾不得而見之矣。得見君子者斯可矣。」(〈述而〉)

對於「若聖與仁則吾豈敢」顯是孔子自謙之辭,尤其孔子不輕易許人以聖與仁,再加上「聖人吾不得而見」,吾人大致上可以指出在人道思想中的理想人格〔註14〕即是君子,聖人不得而見,從論語中可以看出孔子所描繪的聖人之具體事蹟:

> 子曰:「泰伯其可謂至德也已矣!三以天下讓,民無得而名焉。」(〈泰伯〉)

> 子曰:「大哉堯之為君也,巍巍乎唯天唯大,唯堯則之,蕩蕩乎民無能名焉。」(〈泰伯〉)

> 子曰:「巍巍乎舜禹之有天下也而不與焉。」(〈泰伯〉)

從上述所引之泰伯、堯、舜、禹之事蹟及孔子對他們之讚美,可見「聖」是多麼的不容易。但是實踐仁道,是立足在人道的思想,仁道不離實存之世,仁道的實踐主體是人,仁道通於仁,具體而微的表現在「志於道、據於德,依於仁、游於藝」(〈述而〉)和「朝聞道,夕死可矣。」(〈里仁〉)仁心的實踐和德政的施化其在此世之目標,孔子便以「君子」來做為實踐仁道的理想人格,「君子」無疑的成為孔子在現世所期望實踐完成的理想人格。

根據《十三經引得》之統計,君子在《論語》中出現共計一〇五次〔註15〕,

〔註14〕此處所言之人格,係專指道德上的人格,指的是品德上的程度,而培養人之道德,提升人格品質,是孔子為學與為人之根本。

〔註15〕蔣致遠主編,《十三經引得》(台北:宗青圖書公司,1986 年 11 月初版),頁142～143。

孔子且對「君子」之概念有過詳細的解釋,「君子」此一名詞,孔子用的次數最多,在《論語》中孔子所要人去實踐的種種德行,大都是針對君子而說的,而孔子對於道德實踐之人格,其給予之合理定位與評價,有「君子、仁者、聖人、善人、成人、大人」等幾種,以所用次數多寡而言:除前述君子為一〇五次外,仁者(人)二十一次,賢者六次,賢人四次,善人五次,成人三次,大人二次。這說明了孔子所主張的諸類德行,大部份是針對「君子」這樣的道德性的人格而發,吾人亦可說:孔子為人道思想時代立下一個道德人格的具體代表,即是君子,用「君子」來凸顯人在人道思想時代的價值內涵,即如余英時教授所言:「就整個方向說,孔子以來的儒家是把『君子』盡量從古代專指『位』的舊義中解放了出來,而強調『德』的新義。」〔註16〕

再從孔子主張仁學之動機的層次來看「君子」觀念的提出,他所主張的「君子」就其表現之形式與內涵而言,可說是針對當時之人因人生意義失落和迷失而發,如「未能事人,焉能事鬼」;確定了人存在價值的先後秩序,人朝著「君子」的方向去努力實踐,便是人在現世的實存意義,何須他求。也因著孔子所提出的「君子」觀念,讓我們看到人生的意義與價值。「從論語反應出當時代的人表現出不仁、不實、無禮、巧言、令色、鄉愿、犯上、作亂、固執、重利、尚力、好行小慧、無信、自私等特徵,其人格是不健全、不和諧的、偏行的、分裂的,這可以說是人格的危機。」〔註17〕面對這樣的危機和人生意義之失落,孔子提出「君子」的理想人格益有其意義,它的實現是在現世,而非來世,是在此岸,而非彼岸。

一、從君子與小人之對比看君子之特質

在《論語》中,孔子從「德」之角度來言「君子」〔註18〕,君子不再僅徒具「有位」之意義,但要了解「君子」,孔子用一個很簡單的方式來理解,

---

〔註16〕余英時,《儒家「君子」的理想》(台北:聯經出版公司,1989年第三次印行),頁149。

〔註17〕林義正,《論孔子的「君子」概念》(台北:東大圖書公司,1987年9月出版),頁118。

〔註18〕孔子在《論語》中,對於君子之概念以「德」貫穿之,依據屈萬里教授之分析,「詩經中之君子,多指有官爵者言(婦女稱其夫亦用之),與後世專指品德高尚之人言者異。」可見明確地把「君子」賦予「有德」之內涵,實自孔子開始。請見屈萬里,《詩經詮釋》(台北:聯經出版公司,1983年2月初版),頁4。

那既即是透過君子、小人之對比了解其特質：

1. 子曰：「君子周而不比，小人比而不周。」（〈爲政〉）

2. 子曰：「君子懷德，小人懷土。君子懷刑，小人懷惠。」（〈里仁〉）

3. 子曰：「君子喻於義，小人喻於利。」（〈里仁〉）

4. 子謂子夏曰：「女爲君子儒，無爲小人儒。」（〈雍也〉）

5. 子曰：「君子坦蕩蕩，小人長戚戚。」（〈述而〉）

6. 子曰：「君子成人之美，不成人之惡。小人反是。」（〈顏淵〉）

7. 子曰：「君子之德風，小人之德草，草上之風必偃。」（〈顏淵〉）

8. 子曰：「君子和而不同，小人同而不和。」（〈子路〉）

9. 子曰：「君子易事而難說也，說之不以道，不說也。及其使人也，器之。小人難事而易說，說之雖不以道，說也。及其使人也，求備焉。」（〈子路〉）

10. 子曰：「君子泰而不驕，小人驕而不泰。」（〈子路〉）

11. 子曰：「君子而不仁者有矣夫，未有小人而仁者也。」（〈憲問〉）

12. 子曰：「君子上達，小人下達。」（〈憲問〉）

13. 子曰：「君子固窮，小人窮斯濫矣。」（〈衛靈公〉）

14. 子曰：「君子求諸己，小人求諸人。」（〈衛靈公〉）

15. 子曰：「君子謀道不謀食。……憂道不憂貧。」（〈衛靈公〉）

16. 子曰：「君子不可小知，而可大受也。小人不可大受，而可小知也。」（〈衛靈公〉）

17. 孔子曰：「君子有三畏，畏天命、畏大人、畏聖人之言。小人不知天命而不畏也，狎大人、侮聖人之言。」（〈季氏〉）

18. 子曰：「君子學道則愛人，小人學道易使也。」（〈陽貨〉）

19. 子曰：「君子義以爲上，君子有勇而無義爲亂，小人有勇而無義爲盜。」（〈陽貨〉）

從上述十九則「君子」與「小人」對比中，孔子是藉著這樣的對比來顯示人格的高下，君子以「求諸己」的自覺開始，開發出一連串成德向上的過程，包括「周而不比」、「懷德」、「懷刑」、「爲義」、「坦蕩蕩」、「成人之美」、

「和而不同」、「易事而難說」、「泰而不驕」、「上達」、「求諸己」、「憂道不憂貧」、「畏天命、畏大人、畏聖人之言」、「義以爲上」等等人格之特質，而小人則是正好相反，舉凡「比而不周」、「懷土」、「懷惠」、「重利」、「長戚戚」、「同而不和」、「難事而易說」、「驕而不泰」、「下達」、「求諸人」、「不畏天命、狎大人、侮聖人之言」等等。由此觀之，孔子以「君子指點道德實踐之價值取向，孔子之哲學教化即在教人擇善固執向君子之路前進」，林義正教授認爲「人是由自然人修成道德人，由事實層登上價值層，人不只是個純依生物法則而活的動物，而是個活在追求價值的人：孔子是站在價值的領域，教世人捨離低價值向高價值的人文導師。」〔註19〕

上述之君子與小人對比，讓吾人看到君子所外顯的特質，可說是其外在顯現的人格特性與具體的形貌，但吾人仍需追問，到底君子的內涵是什麼？使得君子成爲孔子仁學的理想人格。

二、君子之內涵氣質

孔子爲迷失的人生提出新的解釋和方法，君子的追求和實現，正是他在周遊列國，實現其道遭遇挫折之後深刻反省，正因他本身即是有德之君子這個理念的實踐者，從《論語》中我們更能看出「君子」之內涵。

子曰：「質勝文則野，文勝質則史，文質彬彬然後君子。」（〈雍也〉）

程石泉教授認爲「蓋人之先天稟賦與後天之習得相混合，而陳現人格之統一性。不得已分而言之，質者人之本質也，文者政教禮樂也，孔子給人之

〔註19〕以君子和小人因其「德」之差異，而有上下之價值歸趨之不同，其對顯之觀念爲：

君子	．．上達	．．謀道	．．懷德	．．懷刑	．．喻於義	．．求諸己	．．坦蕩蕩	泰而不驕	不成人之美惡	周而不比	和而不同	矜群而而不不爭黨	貞而不諒
↕													
小人	．．下達	．．謀食	．．懷土	．．懷惠	．．喻於利	．．求諸人	．．長戚戚	驕而不泰	不成人之惡美	比而不周	同而不和	爭黨而而不不矜群	諒而不貞

由此圖更可看出君子與小人在「德」方面之高下，上下之發展及其道德評斷便可一清二楚。林義正，《孔子論人之研究》（台北：東大圖書公司，1987年9月出版），頁161～162。

本質也直，但直而無文則野，直而無禮則絞。反之，若文而無情實，是爲僞，是爲粉飾，名之爲史。就個人言，文質彬彬是爲君子，就一國政教言，如能使『虞夏之質直』『與有周之文教』得其中和，是乃理想矣。」〔註20〕由此看出「君子」之綜合體即是文質彬彬，一個人不管是在「修己」或是「治人」這兩方面，「君子」皆爲其理想，說修己的理想即是君子，說治人則成爲君子爲第一要件，君子既是文質彬彬，則對於「文」與「質」之把握更要顯得戒慎和謹慎，因爲若僅依自家本性而行，而不經人文薰陶和文化教養，終不免流於粗野，但若文化教養掩蓋過他的樸實本性，必流於浮華甚至是虛僞造作的禮法，人要有其內涵又能有適當之外在表現形式，才是道道地地的君子，以下就君子之本質與君子之政教禮樂二方面加以申述。

（一）仁為君子之本質：君子之質

> 君子去仁，惡乎成名？君子無終食之間違仁，造次必於是，顚沛必於是。（〈里仁〉）

> 君子義以爲質，禮以行之，孫以出之，信以成之。君子哉！（〈衛靈公〉）

仁爲君子之本質，更可說是人之所以爲人的先決條件，把「仁」這樣的本質，根本把握住了，表現仁之外在形式即不會偏離，吾人亦可說君子之道即是仁道，透過道德自覺，建立人之所以爲人的尊嚴與價值，因此人須在道德修養方面不斷地「反求諸己」，余英時教授將此「反求諸己」與外在表現的「推己及人」，稱之爲「層層向內轉」與「層層向外推」〔註21〕。即如如在第三章，分析「仁」之內涵時，特別提到仁是主體我的道德自覺，人無此自覺則麻木不仁，而仁又是愛人，陳大齊先生說：「仁既是愛，自亦屬於感情。」〔註22〕故仁是人之本質，若無愛爲動力，何能產生同情共感之果。有了同情共感之心，方能己欲立而立人，方能己所不欲，勿施於人。

（二）君子之文

吾人分析君子成立的兩條件是要「文」與「質」並合，方不致偏廢，君

〔註20〕程石泉，《論語讀訓解故》（台北：先知出版社，1975 年 2 月台一版），頁 97～98。

〔註21〕余英時，前引書，頁 153。余英時教授認爲儒學有「內轉」和「外推」的兩重過程。

〔註22〕陳大齊，前引書，頁 16。

子之「質」既是仁，而其表現方式即是「文」的具體化，舉凡禮樂教化，爲學求知，爲人處世等等方面，孔子都爲君子在這些方面立下規範與原則，茲列舉如下：

1. 人不知而不慍，不亦君子乎。(〈學而〉)

2. 君子不重則不威，過則勿憚改。(〈學而〉)

3. 君子食無求飽，居無求安，敏於事而慎於言，就有道而正焉。(〈學而〉)

4. 君子不器。(〈爲政〉)

5. 先行其言，而後從之。(〈爲政〉)

6. 君子無所爭，必也射乎。揖讓而升，下而飲，其爭也君子。(〈八佾〉)

7. 君子之於天下也，無適也，無莫也，義之與比。(〈里仁〉)

8. 君子欲訥於言，而敏於行。(〈里仁〉)

9. 君子之道有四，其行己也恭，其事上也敬，其養民也惠，其使民也義。(〈公冶長〉)

10. 君子周急不繼富。(〈雍也〉)

11. 君子可逝也，不可陷也。可欺也，不可罔也。(〈雍也〉)

12. 君子博學於文，約之以禮，亦可以弗畔矣。(〈雍也〉)

13. 君子不黨。(〈述而〉)

14. 君子不憂不懼。(〈顏淵〉)

15. 君子敬而無失，與人恭而有禮。(〈顏淵〉)

16. 君子以文會友，以友輔仁。(〈顏淵〉)

17. 君子名之必可言。(〈子路〉)

18. 君子恥其言而過其行。(〈憲問〉)

19. 修己以敬，修己以安人，修己以安百姓。(〈憲問〉)

20. 君子義以爲質，禮以行之，孫以出之，信以成之。(〈衛靈公〉)

21. 君子病無能焉，不病人之不己知。(〈衛靈公〉)

22. 君子疾沒世而名不稱焉。(〈衛靈公〉)

23. 君子矜而不爭，群而不黨。(〈衛靈公〉)

24. 君子不以言舉人，不以人廢言。(〈衛靈公〉)

25. 君子貞而不諒。(〈衛靈公〉)

26. 君子有戒，戒之在色，戒之在鬥，戒之在得。(〈季氏〉)

27. 君子有九思，視思明、聽思聰、色思溫、貌思恭、言思忠、事思敬、疑思問、忿思難、見得思義。(〈季氏〉)

28. 君子之居喪，食旨不甘，聞樂不樂，居處不安。(〈陽貨〉)

29. 君子有惡，惡稱人之惡者，惡居下流而訕上者，惡勇而無禮者，惡果敢而窒者。(〈陽貨〉)

30. 君子義以為上。(〈陽貨〉)

31. 不知命，無以為君子也。不知禮，無以立也，不知言，無以知人也。(〈堯曰〉)

　　上述這三十一條目中所列舉，規範人之行為，實已包含為學、修己、安人、政事、禮儀、生活秩序、人倫道理等等，要做一個君子，必須把仁心擴充，居仁由義(《孟子‧盡心下》)仁的種種發用，皆為仁的表現，仁是一切政治社會制度背後的實質精神，缺乏仁，則人之為學、禮儀、修己、安人、政事、生活秩序與人倫道理全失去其哲學思考之依據，而人若不能把握住人之本質，則墮為小人，不仁，不義、無禮、巧言、令色、鄉愿、重利等等，這樣即出現了言行不一，表現不一等等的差序和亂局。

　　當我們把握住人之「文」與「質」之後，經由道德修養，敬己成務，依據道德規範而行，文質彬彬之君子始為可能實現。至此君子之圓滿，與圓融的完成，即是：

　　　知者不惑，仁者不憂、勇者不懼。(〈子罕〉)

　　　君子道者三，我無能焉，仁者不憂，知者不惑、勇者不懼。(〈憲問〉)

　　當君子以「仁」為人之本質，擴充及涵養仁之精神，一切反求諸己的內轉工夫，能修己以敬、內省不疚，不憂不懼，進一步己立立人，己達達人，修己以安人，安百姓，這個系統，可稱得上道德反溯與擴充的實踐系統，一切的起點和動力核心由我(自我)開始，孔子所說的「為仁由己」為中心而展開的循環圈，當自我之敬得以完成時，便是向外而層層外推的時候，其結

果即是「仁者不憂，知者不惑，勇者不懼」的「君子道」，而孔子都還謙稱「我無能焉」，雖然道德理念與理想人格，是以自我為中心，向外層層擴充之時，培養出不憂、不惑與不懼，但孔子還提出了一個外推過程無法予以逃避的問題，那就是內轉過程可否由自我作主宰，或說是由君子來作主宰，因為那是自家之事，與旁人無礙，但是在外在的世界是否能隨自我意志而移轉改變，亦即是主觀上的意志能否改變客觀外在世界？若可以，則君子之道即如水到渠成，功德圓滿。若無法由自我意志去改變外在的客觀情境之世界時，人（君子）又該當如何自處？這不僅是孔子對當時學說理想提出時所面對的問題，不亦是先秦諸子共同的問題嗎？孔子提出他的看法：

> 子曰：「不知命，無以為君子也。」（〈堯曰〉）

所謂的「知命」是了解外在世界的客觀事實，雖經自我之努力與實踐，而人須知其可行與不可行，人對於君子之道能否實行之客觀條件的事實問題，君子要知此命，然後才有畏天命與順天命。因此君子所要知的「命」不是政治範疇的「將命」（在前章已有分析），而是「天命」，道之將行、將廢，君子之道的實踐是否實現均屬於天命，故孔子言：

> 五十而知天命，六十而耳順、七十從心所欲，不踰距。（〈為政〉）

> 君子有三畏：畏天命、畏大人、畏聖人之言。小人不知天命不畏也，狎大人，侮聖人之言。（〈季氏〉）

三、墨子哲學中的理想人格

在前面的敘述中，吾人了解到孔子認為「聖人」是少之又少，人之道德實踐最有可能在現世達到的理想人格是「君子」，反觀以「兼愛」為本發皇為用的墨子哲學中，有無「理想人格」的觀念，來作為自我道德實踐的奮鬥目標。從《墨子》書中，吾人發現，其「君子」的觀念亦有，共計出現六十九次，「聖人」的觀念，計出現四十九次，而「仁人」出現十二次，這三個觀念在道德實踐和人格上之高下，墨子並無像孔子言說清楚。首先，吾人分析墨子所言之聖人，有如下之意義：

（一）墨子所說之聖人，其所指的為「古聖先生」，尤其墨子中之「聖人」亦合於其「三表法」（有本之者，有原之者，有用之者）之「上本之於古者聖王之事」的「古者聖王」，《墨子》書中提到堯、舜、禹、湯、文、武，因其兼愛天下也，〈天志下〉篇，很清楚的把這理由說出來：

故昔也三代之聖王，堯、舜、禹、湯、文、武之兼愛天下也，從而
利之，移其百姓之意焉，率以敬上帝山川鬼神，天以為從其所愛而
愛之，從其所利而利之，於是加其賞焉。使之處上位，立為天子以
法也，名之曰聖人。(〈天志下〉)

可見「聖人」這個觀念非存於當世，而是古聖先生兼愛天下後，教化百
姓之後，敬上帝山川鬼神，天所賞其位稱之為天子，故稱聖人，墨子引述古
聖王之事蹟以明聖人之意，無非是遂行其理想，這是鼓勵當時之各國國君，
效法古代聖王之行為，若此則天必有賞。

(二)「聖人之德」為何？聖人之所以為天所賞為天子，必根據其所作所
為，天才能賞之。在〈修身〉中，墨子曾把「聖人」與「君子」視為同義，
並說出其「德」之內容：

君子之道也，貧則見廉，富則見義，生則見愛，死則見哀，四行者
不可虛假，反之身者也。藏於心者，無以竭愛，動於身者，無以竭
恭，出於口者，無以竭馴。暢之四支，接之肌膚，華髮隳顛，而猶
弗舍者，其唯聖人乎。(〈修身〉)

除此段，「聖人」與「君子」同義外，其德同外，其餘論述「聖人之德」，
皆本第一項 (聖人所指為古聖王) 而來，見如下之引文：

1. 聖人者，事無辭也，物無違也，故能為天下器。(〈親士〉)

2. 且夫食者，聖人之寶也。(〈七患〉)

3. 故聖人之為衣服，適身體，和肌膚而足矣。(〈辭過〉)

4. 故聖人作誨，另耕稼樹藝，以為民食。(〈辭過〉)

5. 聖人之所儉節也。(〈辭過〉)

6. 聖人聽其言，跡其行，察其所能而慎予官。(〈尚賢中〉)

7. 聖人之德，若天之高，若地之普，其有昭於天下也。若地之固，
   若山之承，不坼不崩，若日之光，若月之明，與天地同常。(〈尚
   賢中〉)

8. 聖人以治天下為事者，必察亂之所自起。(〈兼愛上〉)

9. 古者明王聖人所以王天下正諸侯，彼其愛民謹忠，利民謹厚，忠
   信相連。(〈節用中〉)

10. 聖人有愛而無利。(〈大取〉)

11. 必去喜、去怒、去樂、去悲、去愛而用仁義，手足口鼻耳從事於
　　義，必為聖人。(〈貴義〉)

聖人要為天下之圭臬，舉凡食、衣、教育、為政、節用、尚賢、愛民謹
忠、利民謹厚、忠信為主、去喜、去樂、去怒、去悲與貴義等皆為聖人之德，
這些內容，可說是墨子興天下之利，除天下之害的「十務」：

> 子墨子游，魏越曰：既得見四方之君，子則將先語？子墨子曰：凡
> 入國，必擇務而從事焉；國家昏亂，則語之尚賢尚同；國家貧，則
> 語之節用節葬；國家熹音湛湎，則語之非樂非命；國家淫僻無禮，
> 則語之尊天事鬼；國家務奪侵凌，則語之兼愛非攻。故曰擇務而從
> 事焉。(〈魯問篇〉)

（三）天為最高，鬼神次之，聖人再次之。此就其天人關係言其位階上
下，墨子言：

1. 天之愛人，薄（博）於聖人之愛人，其利人也，厚於聖人之利人
　　也。(〈大取〉)

2. 巫馬子謂子墨子曰：鬼神孰聖人明智。子墨子曰：鬼神之明智於
　　聖人猶聰耳明目之與聾瞽也。(〈耕柱〉)

其次，再論墨子思想中的「君子」觀念。在墨子書中的「君子」觀念一
反孔子對於「君子」之推崇，有二方面之意義：

（一）君子之道所指的「君子」是有德之人，但非墨子所言之理想人
格，君子之德有「君子自難而易彼，眾人自易而難彼」(〈親士〉)，此處言君
子自處於難，躬自厚，而薄責於人，眾人反之。「貧則見廉，富則見義，生則
見愛，死則見哀」(〈修身〉)、「君子以身戴行」(〈修身〉)、「君子以所履，小
人之所視」(〈兼愛下〉)。雖然墨子在此處以君子與小人相對比，但非其學說
之重點。

（二）墨子所稱之「君子」即指儒者，並有非難批評指責之義。列舉如
下：

1. 後世之君子，或以厚葬久喪以為仁也義也。(〈天志上〉)

2. 今天下之君子之欲為仁義者。(〈天志中〉)

3. 故天下之君子謂之不祥者。(〈天志中〉)

4. 此吾所謂君子明細而不明大也。(〈天志中〉)

5. 故天下之君子，與謂之不仁不祥。(〈天志中〉)

6. 反聖王之務，則非所以爲君子之道也。(〈明鬼下〉)

7. 惡乎君子，天有顯德，其行甚章，爲鑑不遠。(〈非命上〉)

8. 今天下之君子之爲文學出言談。(〈非命下〉)

9. 儒者曰，君子必服古言然後仁。(〈非儒〉)

10. 君子循而不作。(〈非儒〉)

11. 子墨子曰：世俗之君子貧而謂之富則怒，無義而謂之有義則喜，豈不悖哉。(〈耕柱〉)

12. 今天下之君子之爲仁，雖禹湯無以易之，兼仁與不仁而使天下之君子取焉，不能知也，故我曰，天下君子之不知仁者，非以其名也，亦以其取也。(〈貴義〉)

13. 世之君子。(〈貴義〉)

14. 子墨子曰：世俗之君子視義士不若負粟者。(〈貴義〉)

15. 君子共己以待，問焉則言，不問焉則止。(〈公孟〉)

16. 君子必學祭禮，子墨子曰：執無鬼而學祭禮，是猶無客而學客禮也，是猶無魚而爲魚罟也。(〈公孟〉)

17. 是故世俗之君子，知小物而不知大物者。(〈魯問〉)

很顯然地，墨子批評儒者，因儒者自喻爲「君子」，「君子」爲孔子道德實踐之理想人格，而墨子後於孔子，孔學之道至墨子時已趨流蔽，忘其本而逐其末，故「君子」一詞不再是道德人格的肯定，而是被墨子拿來批評儒者之代名詞而已，綜觀墨子在天志、明鬼、非樂、非命、非儒、耕柱、貴義、公孟、魯問諸篇中，將儒者之君子批評得體無完膚，有稱「世之君子」、「世俗之君子」等負面的認知。

最後，吾人再研究另一個觀念「仁人」，是否可作爲墨子所主張的「理想人格」，在十二次出現「仁人」的篇章中，「仁人」是基於尙同觀點而發所指的里長、鄉長、國君、天子皆稱之爲「仁人」，這是廣義的說法，狹義來說，仁人是指一國之統治者，如「仁人之所以爲事者，必興天下之利，除天下之害。」(〈兼愛中〉)「是故古之仁人有天下者。」(〈非攻下〉)可見「仁人」亦非墨子所言道德實踐之理想人格。

經由上述三個觀念之比較，從「聖人」、「君子」、「仁人」，吾人發現「聖人」才是道德實踐的理想人格，「仁人」僅是尙同系統的層層上升，自里長、

鄉長、國君而至天子，「仁人」較無豐富之道德內涵，「君子」又被墨子所批判，且有負向之評價，而此「聖人」乃指「古聖王」，故墨子所主張之「聖人」不存於現世，但墨子要人效法之，古聖王之進德修業，事蹟歷歷，人必法之，墨子認爲人只要行古聖王之事，天下必可大治，古聖王之事爲何？即如前述之「十務」，故聖人典型在夙昔，今人只要識得其本、務之爲用即可。

第八章 從「人與他人」關係看仁與兼愛

第一節 推己與融通

仁之涵養落在「愛人」上，愛人包括愛自與愛他，但愛人是如何把這內在精神向外推展呢？孔子說：

> 爲仁由己而由人乎哉？（〈顏淵〉）

> 夫仁者，己欲立而立人，己欲達而達人。能近取譬，可謂仁之方也已。（〈雍也〉）

> 樊遲問仁，子曰：「居處恭，執事敬，與人忠，雖之夷狄不可棄也。」（〈子路〉）

> 子貢問曰：「有一言而可以終身行之者乎？」子曰：「其恕乎？己所不欲，勿施於人。」（〈衛靈公〉）

> 子曰：「參乎！吾道一以貫之。」曾子曰：唯。子出，門人問曰：「何謂也？」曾子曰：「夫子之道，忠恕而已矣。」（〈里仁〉）

由上述五條孔子對於實踐仁之理念脈絡來看，他的脈絡非常清晰，由近及遠，推己及人，己立立人，己達達人，有其先後順序，輕重緩急，從自我開始到推及他人，完成一個和諧的人倫關係之系統。孔子講仁，講愛人，吾人之「愛」該從何處入手，以什麼爲對象呢？孔墨二子之差異即在此，因爲孔子所說的愛人，是從我們的生命主體發出來的，在人倫關係中和我們朝夕相處的對象便是親人，是血緣骨肉手足之親，所以孔子說：「弟子入則孝，出

則弟，謹而信，汎愛眾而親仁。」（〈學而〉）他的弟子有若說：「其爲人也孝弟而好犯上者鮮矣。不好犯上而好作亂著未之有也。君子務本，本立而道生，孝弟也者其爲仁之本與！」（〈學而〉）以孝弟爲仁之本，說明仁之愛人以孝弟爲第一推及之對象，〈爲政〉篇說：

> 或謂孔子曰：「子奚不爲政？」子曰：「書云：『孝乎惟孝，友于兄弟，施于有政。』是亦爲政，奚其爲政？」

仁者能先孝於父母，友于兄弟，又能推廣此心以爲一家之政，何必居位才是爲政。但是孝乎惟孝，友于兄弟，這說明愛人由親始，才能親親到仁民，仁民而愛物，逐級向外擴大，這是儒家講仁、講愛人，主張親親的價值所在，而孔子把他的哲學核心落在「仁」字上，這表示他在人道思想方面的豐富成熟，在人道思想範疇中，把人的地位與尊嚴抬到最高，把人的歷史與文化使命感發揮得淋漓盡致，所以推己及人由親親開始自屬必然，這是一個水平的系統，也是一個平面的系統，仁的關係之建立在自我與他人之間，因著仁而有彼此的感通和潤物，愛由親始，親親爲大，依墨子之言，這就是「差等之愛」，《墨子・非儒》云：

> 儒者曰：親親有術，尊賢有等，言親疏尊卑之異也。……若以親疏爲歲月之數，則親者多而疏者少矣。……

墨子認爲儒家的愛是差等之愛，是偏私之愛，但是孔子以仁推己及人，己立立人，己達達人，爲何不似墨子所主張之兼愛，呈現的是平等而無差別的愛，唐端正教授認爲：

> 這因爲愛是一種真情實感，必須從生命主體發出來，而我們生命主體是個有限的存在，他和其他有限的存在具有不同的親疏遠近的關係。〔註1〕

墨子的兼愛是來自於天的意志，只有天才能行兼愛，但是人卻是一個有限的實體，要愛無差等，不分親疏遠近，視人如己，亦違反人倫常情，因爲人情倫常本有厚薄親疏遠近之分，人之愛人的差等先後，要人「視人之親若己之親」，蔡仁厚教授認爲是「反天理之序與人情之節。」〔註2〕孔子由爲仁

〔註1〕 唐端正，《先秦諸子論叢》（台北：東大圖書公司出版，1983 年 4 月初版），頁78。他以燭光來作比喻，實爲允當。好比一支燭光，它的光和熱，只能由近及遠地外射出去，比較接近它的東西，自然較先得到較多的光明和溫暖，這是天理自然之事。

〔註2〕 蔡仁厚，《墨學哲學》（台北：東大圖書公司出版，1983 年 9 月再版），頁44。

由己，至己立立人，己達達人這個工夫是推愛，在人倫關係上的發展，《禮記・禮運》所謂「人不獨親其親，不獨子其子，使老有所終，壯有所用，幼有所長，矜寡孤獨廢疾者，皆有所養。」即是理想之價值世界。

孔子講仁是愛人，是從人情之親親去講求，根據《禮記・喪服小記》云：「親親、尊尊、長長、男女之有別，人道之大者也。」若拋開人之生命主體（眞實生命）之眞實感情，首先即悖離孔子所說「孝乎惟孝，友于兄弟」和《論語》所言「孝弟也者，其爲仁之本與」的天性發端處而在理論的推演上，陽明對於「仁」之看法，亦是一個思維的方向，同時也批判了墨子之「兼愛」：

> 仁是造化生生不息之理，雖瀰漫周遍，無處不是，然其流行發生，亦只有箇漸，所以生生不息。如冬至一陽生，必自一陽生，而後漸漸至於六陽。若無一陽之生，豈有六陽。陰亦然，惟其漸，所以便有個發端處，惟其有個發端處，所以生，惟其生，所以不息。譬之木，其始抽芽，便是木之生意發端處，抽芽然後發幹，發幹然後生枝、生葉，然後是生生不息。若無芽，何以有幹有枝葉，能抽芽，必是下面有個根在，有根方生，無根便死。無根何從抽芽。父子兄弟之愛，便是人心生意發端處，如木之抽芽，自此而仁民，而愛物，便是發幹生枝生葉。墨氏兼愛無差等，將自家父子兄弟與途人一般看，便自沒了發端處。不抽芽，便知得他無根，便不是生生不息，安得謂之仁，孝弟爲仁之本，卻是仁理從裡面發生出來。（《傳習錄・卷一》）

由此可見：兼愛違反人情之自然，吾人引證熊十力先生之語，亦可爲參照：

> 若將父兄與民物，看作一例，而談兼愛，則恐愛根已薄，非從人情自然之節文上涵養擴充去。而兼愛只是知解上認爲理當如此，卻未涵養得眞情出，如何濟得事？不唯不濟事，且將以兼愛之名，而爲禍人之實矣。〔註3〕

後起之孟子批評墨子最爲嚴厲，「楊氏爲我，是無君也；墨氏兼愛，是無父也。無父、無君，是禽獸也。」（《孟子・滕文公下》）拋開人倫之親親，己之父等於人之父，人之父亦等於己之父，這是「兼愛」之結果。天要人實行兼愛，故兼愛有其普遍性，然而人倫關係卻有差別性，視人如己，但總不能

〔註3〕熊十力，《十力語要》卷一。

抹去人之差別性，即如《莊子‧天下》所言：「以此教人，恐不愛人，以此自行，固不愛己。」若以兼愛爲人之本質，則人人之親疏無別，孝弟關係無由存在，人道世界的一切價值層級一概鏟平，親疏遠近無由存在，一切歸之於平等，道德主體無由產生，人不能先肯定愛己之親，而只教人兼愛天下之親，其結果不就是「反天下之心，天下不堪。墨子雖獨能任，奈天下何？離於天下，其去王也，遠矣！」（《莊子‧天下》）

孔子這種「推己及人」的平面拓展人與他人的關係，僅只在水平的系統中，在這個系統中，「忠恕」是最好的說明，因爲「忠」的意義是盡己，而「恕」則是推己及人，亦即是「由己身內心的一點『仁』發動，先充實己身，推及父母、兄弟、家人，推及親朋、鄉里、國人，推及天下人類，於是小我變成大我，愛及全體，重要的在於『推及』二字。」〔註4〕

固然，主體的「仁」是人之所以爲人的本質，人要躬行實踐我生命中本有的道德心，推及的對象與範圍便是人倫關係的親親、父子有親、君臣有義、夫婦有別、長幼有序、朋友有信。但是有兩個問題，是必須解決的：一是：仁既然是愛人，是要「推己及人」，對於人以外的「物」，我人該當如何推，因爲物並無「仁」心，無法說是感通和潤澤，自己之仁心，該當如何推出去？二是：一般人容易受情欲，利害蒙蔽，故有君子與小人之判準，我們要推仁心，推動愛人以推己及人，在親親之範圍已是明確定論，在以自我爲核心向外擴散的波紋式的外圍之人（與自己毫不相干之人），由於人和人之間的認知

〔註4〕高懷民，《先秦易學史》（台北：台灣商務印書館，1975 年 6 月初版），頁 296。
高教授對於孔子的這個「推及」之過程，以圖示如下：

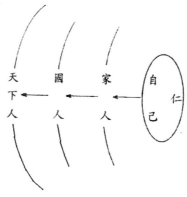

在這個平面的系統中，人與他人藉著「仁」，體悟此仁，把握充實並發揮它，使之內外通達。

與價值判斷差異與複雜，我之愛人的心，如何能讓其他人瞭解和認同。如果
這兩個問題不能解決，則道德理想該當如何建立普遍性？以孔子一生而言，
從三十而立至四十而不惑來看，這個過程是建立道德主體，確立「仁」的內
涵和人道的思想，五十之後，孔子的感應又是什麼呢？是不是生命之意義僅
僅在推己及人，但客觀的與外在之世界之困頓與扞格，又該如何消解，才能
讓我心能安？這些問題，讓吾人再回到孔子的話去思考「十有五而志於學，
三十而立，四十而不惑，五十而知天命，六十而耳順，七十而從心所欲，不
踰矩。」從孔子的內在心靈世界來說，本來三十而立，四十而不惑，就是人
道世界的開發完成，這時候的人是道德主體，真實無妄的踐仁，但是人的現
實困厄又怎能達到「從心所欲，不踰矩」的主體自由，孔子提出了「知天命」
來消解人道世界的困厄與衝突，以「知天命」來建立並完成孔子整體的仁學，
故有「君子畏天命」和「不知命無以為君子」的見解。而孔子所以經由知天
命能開出「從心所欲，不踰矩」，仍然是由「覺」而來，因為：

> 天生萬物，人為萬物中之一類，在此情況下，一切人之間固然有了
> 同胞兄弟之情，即人與物間也有了同生之誼，人很容易自覺到不止
> 要愛人，也應當愛物，仁愛的範圍自然擴大。人與物既然都本乎天，
> 則人人性中有天，物物性中也有天，從天之遍在於人、物而言，天、
> 人、物成為一體，於是人心中的「仁」也有了明確的依據。人心既
> 有此天之「仁」，發揮此「仁」，效天之愛人愛物，此愛之發為自然
> 之流露，遠勝於「推己」之方。〔註5〕

〔註5〕高懷民，前引書，頁298。高教授把這個「死人一貫、人物同體」的「仁」之
　　　思想體系，圖示為：

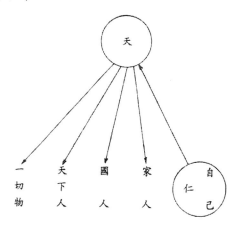

綜而言之，「人與他人」關係開展上，孔子以人道為基礎，找到了人之所以為人的本質、根據，波紋式的擴散中，以推己及人之工夫，實現人我之疏通和無礙，但是這僅是一平面的系統，必須由人道入天道，往復之間，達成天人融通，以仁合天，發揮人性中之天，人道合天道，再由天落於人與物「民吾同胞、物吾與也」之境界開出，人效法天之大仁，這個立體的體系之展現，才是仁道的總成。人道與天道相互融通，消解頓塞，袪除人心之蔽，人之愛人和天之愛物合而為一，生命有了融通和潤物，推己及人，而至推己及物，仁之價值於是彰顯。

第二節　義與利

「義」和「利」的問題，亦是孔、墨二子在學說上一個很大的歧義之所在，首先論孔子之「義」和「利」的觀念，依論語，「義」字共出現十八章二十四次，在這二十四次中，義字之用法，亦有不同，茲舉述如下：

1. 有子曰：「信近於義，言可復也。……」（〈學而〉）

2. 子曰：「見義不為，無勇也。」（〈為政〉）

3. 子曰：「君子之於天下也，無適也，無莫也，義之與比。」（〈里仁〉）

4. 子曰：「君子喻於義，小人喻於利。」（〈里仁〉）

5. 子謂子產，有君子之道四焉，其行己也恭，其事上也敬，其養民也惠，其養民也義。」（〈公冶長〉）

6. 子曰：「務民之義，敬鬼神而遠之。」（〈雍也〉）

7. 子曰：「德之不脩，學之不講，聞義不能徙，不善不能改，是吾憂也。」（〈述而〉）

8. 子曰：「不義而富且貴，於我如浮雲。」（〈述而〉）

9. 子張問崇德辨惑。子曰：「主忠信，徙義，崇德也。」（〈顏淵〉）

10. 子曰：「夫達也者，質直而好義。」（〈顏淵〉）

11. 子曰：「上好禮，則民莫敢不敬。上好義，則民莫敢不服。上好信，則民莫敢不用情。」（〈子路〉）

12. 曰：「今之成人者何必然，見利思義，見危授命，久要不忘平生之言，亦可以為成人矣。」（〈憲問〉）

13. 子曰:「群居終日,言不及義。好行小慧,難矣哉。」(〈衛靈公〉)

14. 子曰:「君子義以爲質,禮以行之,孫以出之,信以成之,君子哉。」
(〈衛靈公〉)

15. 孔子曰:「見得思義。」(〈季氏〉、〈子張〉)

16. 孔子曰:「見善如不及,見不善如探湯。吾見其人矣。吾聞其語矣,
隱居以求其志,行義以達其道,吾聞其語矣,未見其人矣。」(〈季
氏〉)

17. 子曰:「君子義以爲上,君子有勇而無義爲亂。小人有勇而無義爲
盜。」(〈陽貨〉)

18. 子(路)曰:「不仕無義,長幼之節不可廢也,君臣之義如之何
其廢之。欲絜其身而亂大倫,君子之仕也行其義也。道之不行已
知矣。」(〈微子〉)

上述十八款中,孔子對於義,因爲用的次數不多,因此對於「義」之內
涵,並未明確的定義,下分四個意義加以敘述:

第一種義,指的是「道德行爲的原則」,無論是修德或待人方面,義也就
是修己安人的原則,在此處,義成爲道德的一種德目,義具有普遍性,如君
子道的「聞義不能徙」、「務民之義」、「不義而富且貴」、「近於義」、「見義須
勇爲」、「使民也義」、「不義而富且貴」、「上好義則民莫不敢不服」、「言不及
義」之「義」、「行義以達其道」、「義以爲上」,即如此稱義爲道德實踐行爲的
原則(準則),人若失去此項道德原則,也就不成爲「君子」了。

第二種義,此「義」代表是順應環境變化的準據,即是《中庸‧哀公問
政》章所說:「義者,宜也。」這說明義的本質是宜,何者該爲?何者不該
爲。如「君子之於天下也,無適也,無莫也,義之與比。」(〈里仁〉)這說明
仁道之實行,並無一定之標準,這完全要以「義」爲依據,既然「義」會
因時、因人、因地而有不同的價值判斷,那麼以「義」來作判斷和權衡即屬
必然,是故凡事合於義者便可,不合於義者便不可。此「義」是隨應變遷,
沒有定型的。〔註6〕

〔註6〕(1)陳大齊先生認爲:凡能恰好彌補當前的缺點或發展隱涵的長處的,便是
義,不顧對象與情形的有無不同,執著某一辦法爲必可而濫用的,便不足
爲義。所以孔子所說的義,是隨應變遷:沒有定型的。見陳大齊,《孔子
學說》(台北:正中書局版,1987 年 11 日台初版),頁 142。

　　第三種義，指的是從道德行為與實踐中反省而得出的本質，它是內在的動力，驅策著我們去做道德的實踐，如「君子義以為質，禮以行之，孫以出之，信以成之。」（〈衛靈公篇〉）「行義以達其道」，說明了人之道德實踐，是要從道德實踐的過程中去反省道德德目的本質，找到了這個本質，依本質而行，而能暢通實踐達道。

　　第四種義，孔子把「義」作為君子與小人之判準，如「君子喻於義，小人喻於利。」和「見得思義」。君子與小人本是孔子對於「理想人格」高下之判準，是道德修養，修己治人的程度高低。再如「君子義以為上，君子有勇而無義為亂，小人有勇而無義為盜」，「義利之辨」，雖不是孔子論學之重點，但在道德實踐的判準上，「義」就變得很重要。而孔子將「見得思義」和「見利思義」中的「得」、「利」和「義」並舉，以判斷德高下，其義為：人在看到利之時，應該想這個利是否合於義，但似乎並無叫人拒絕「得」和「利」，亦即所得合義，所利合義，把這個判準和提醒，延伸到君子和小人身上時，便產生「君子喻於義，小人喻於利」的價值規範。因此可看出：義的可貴，君子了解義的可貴，修己治人皆求合於義，而小人所了解的是利的可欲，修己治人求有利可圖，至於其所求之利，是否合於義，則在所不計。義所許的，是可的，義所不許的，皆為不可。吾人認為：仁是諸德之全，是眾德的總稱，仁需智予以輔助與支持，亦即從為學而產生的生命智慧，義便是這個生命智慧的結晶，仁需智予以輔助，而其餘諸德之成為美德則由義予以節制，無待義之節制之德，即失去其究竟的標準，是故「聞義而不能徙」，孔子認為可憂，「至忠信、徙義」，孔子認為是崇德，即為證明。因此，義不是從外在客觀的權威上來，義是吾人生命主體的顯發，是可欲的仁更成為諸德之所以成就其價值之依據。

　　在《論語》中，談到「利」字共出現九次，茲列述如下：

　　1. 子曰：「知者利仁」（〈里仁〉）

　　2. 子曰：「放於利而行多怨。」（〈里仁〉）

（2）韋政通先生認為「義」有三種涵義：第一，義是修己治人的準則；第二，義是有德者行事的本質或依據；第三，義是隨應時變的準據。韋先生所言之，義是隨應時變的準據，亦以陳大齊先生所言「義之與比」之「與比」的內容為「可與立未可與權」的「與權」，這說明了義是人在一切情況中行為做抉擇時，應守的準據。見韋政通主編，《中國哲學辭典大全》，義條（台北：水牛圖書出版事業有限公司，1983 年 9 月出版），頁 633。

3. 子曰：「君子喻於義，小人喻於利。」(〈里仁〉)

4. 「子罕言利」。(〈子罕〉)

5. 子曰：「無欲速，無見小利，欲速則不達。見小利則大事不成。」
(〈子路〉)

6. 子曰：「見利思義。」(〈憲問〉)

7. 子曰：「工欲善其事，必先利其器。」(〈衛靈公〉)

8. 子曰：「惡利口之覆邦家者。」(〈陽貨〉)

9. 子曰：「因民之所利而利之，斯不亦惠而不費乎。」(〈堯曰〉)

「利」這個觀念在孔子的《論語》和其他之著作中，所出現的次數，要明顯的少了很多，可以用《論語》的話來說明，「子罕言利」即是一例，雖然「利」字出現不多，從前面歸納之九則來看：「利」有三義：

其一，利僅是一己之私，危害修己治人，既不能安己又不能安人。故「放於利而行多怨」，《荀子・大略》曰：「故義勝利者為治世，利克義者為亂世；上重義則義克利，上重利則利克義。」也是「小人喻於利」之「利」、「見小利則大事不成」，亦即是孔子所言「不仁者不可以久處約，不可以長處樂。」(〈里仁〉)之意思。

其二，利是公利，而非一己私利，如「知者利仁」之利因為智者明瞭為仁是利人利己，絕非一己私利，再如「因民之所利而利之，斯不亦惠而不費乎」，其意同。孔子還說「因民之所利而利之」為「五美」之一，故須「尊五美」，因此就君子而言：「惠而不費」亦是其內涵之一，發用為政，則是講求公利，孔子所反對者是私利，是自私、為一己之求利。

把孔子所言之「義」和「利」並列觀察，了解其內涵，即可知「義」之重要性，和「利」之微不足道，陳大齊先生以「不固而中」來解釋義 [註7] 固然不錯，但「義」之價值義，即顯示在中庸上所說：「義者，宜也」因為「義」具有指導之作用，諸德若缺乏「義」之指引，則反其道而行，皆是不義。《論語》中有一段話，最能表示「義」之指導作用。

子曰：「富與貴是人之所欲也，不以其道得之，不處也。貧與賤是人

[註 7] 陳大齊，前引書，頁140。他認為：義是所以成德的，中是義的積極因素，故必適應以成德，才能謂之中。義成自消極因素的不固；與積極因素的中，故不固而中，可充義字的定義。

之所惡也，不以其道得之，不去也。君子去仁惡乎成名？君子無終
食之間違仁。造次必於是，顛沛必於是。」（〈里仁〉）

人之所欲的是「富與貴」，富貴何人不要？君子之所以不同於小人，即在
於「取之有道」、「取之以義」，《禮記・坊記》說：「君子辭貴不辭賤，辭富不
辭貧。」之意稍嫌消極和極端，未能凸顯「義」之作用，究其實，看〈述而〉
篇「富而可求也，雖執鞭之士，吾亦為之；如不可求，從吾所好。」此處「可
求」與「不可求」和前述「人之所欲」皆以是否違背道德仁義以為斷，因此
才能產生「不義而富且貴，於我如浮雲。」（〈述而〉）之結論。由此可看出：
義之作用大哉。

其次，再看墨子的「義」和「利」，墨學的中心觀念就人道思想而言，是
「兼愛」，因為墨子在提出每一個觀念的根本用意上，其總結即是「愛利天
下，以成就天下萬民之利」。蔡仁厚教授認為：「就墨學的理論構造而言，『天
志』表示垂直的縱貫，『兼愛』表示橫面的聯繫。」〔註 8〕因此吾人討論墨子
之「義」時，其「義」就不是落在人道思想上，而是落在外在且客觀的權威
天志上，天（天志）是其救世活動、推展非攻、尚賢、尚同、節用、節葬、
明鬼等務實之用的一個法儀，且是唯一的標準，墨子以此法儀度量天下之是
非利害的唯一標準，同時「天志」又是人間秩序與價值開創的唯一標準與來
源，故「義」從天出，發為「義政」，因為「天欲義，惡不義」，因此說天之
本質，或說天志之內容，根本即落在「義」字上。用「義」來作天人上下之
溝通，這是垂直的縱貫，用「兼愛」來聯繫人與人，故墨子曰：「天下有義則
生，無義則死，有義則富，無義則貧，有義則治，無義則亂。」（〈天志上〉）
由此段話看來，義決定了一切，生、死、富、貴、治、亂，這些包括了生命
終始，富貴貧窮，人生價值，國家施政等等，全都是為「義」所決定，這麼
說來人之所能決定者的唯一決定，即人道依義而行而治，反其義則亂，功利
與實用之思想昭然若揭。

墨子要人實行「十務」，也就是「義」的擴充，把「義」擴而大之，義之
所及即「利」之所由產生，可說：義是因，利是果，無義則無利，有義才有
利；反之，若利無義，則非利，一切之結果，不能背離義。天之義落在之於
非攻，即是義政，即是利，落之於節用，即是義政，即是利，依此類推，其
理同也，天之義即是公利，陳問梅教授稱之為「公利的心靈意識」的投映之

〔註 8〕蔡仁厚，《墨家哲學》（台北：東大圖書公司，1983 年 9 月再版），頁 67。

結果〔註9〕，若從墨子思想所透顯出來之特色，說墨子之心爲利天下心，其性格爲實用與功利，絕不爲過，墨子所重視的是客觀事實的問題，針貶之道，還之以實用和功利之天下大利，在對治和矯正上收到立竿見影之效果，要收到立即效果，就墨子而言，是絕對的用和絕對的利，目的則一：利天下。

義要能發爲用，產生利（天下大利，而非私利），在觀念和實用上，便要能一致；而墨子的思想中，也的確出現了具體之內涵和價值。如下表所示：

觀　　念	功　利　與　實　用
天志鬼神	尊天和事鬼，按時爲酒醴、粢盛祭天，無論王公大人、士、君子、庶人等皆須如此。
尚　　賢	1. 王公大人：天子、鄉長、里長，隨時進賢、盡力爲賢。 2. 士、君子、庶人：盡力爲賢。
尚　　同	1. 天子：對天負責，秉承天意上同於天。上同而不下比。 2. 庶人：鄉長、里長秉承天子之意以爲政，上同天子，最後通過天子上同於天。
兼愛非攻	1. 處大國不攻小國，處大家不攻小家，強不劫弱，眾不劫寡，智不欺愚，貴不傲賤。非攻之對象：限諸侯，國君。 2. 愛人之國若其國，愛人之家若其家，愛人之身若其身。
非命非樂	1. 王公大人：強力聽治、去奢、崇儉。 2. 士、君子、庶人：強力從事、節約、生產。
節葬節用	1. 仁人、孝子之道，國富、民眾、刑政治。 2. 不加于民利者，聖王弗爲。

是故「義」來自天，是「理想之源，價值之根」，天下之利（理想與價值）全都是來自此「義」，義之用即是利，此「利」非一己私利，而是利他的，天下之大利，就墨子而言，義即是利，義之用於人道世界，產生「十務」是過程，而其結果則是客觀、利他的天下大利。梁啓超之《墨子學案》認爲發揮「爲義者」本身之犧牲，以成就天下大利的意義；他說：

> 墨教之根本義，在肯犧牲自己。墨經曰：「任，士損己而益所爲也。」經說解之曰：「任，爲（己）身之所惡，以成人之所急」。墨子之以言教，以身教者，皆此道也。……此種行爲動機，乃純出於「損己而益所爲」。……夫所謂「摩頂放踵以利天下」者，質言之，則損己以利他而已。〔註10〕

〔註 9〕陳問梅，《墨學之省察》（台北：台灣學生書局，1988 年 5 月初版），增訂本自序。
〔註10〕梁啓超，《墨子學案》（台北：台灣中華書局，1985 年 8 月台五版），頁 43。

　　若依梁氏之分析，墨子之「損己而益所為」而迄孟子所言「摩頂放踵以利天下」的推演來看，墨子第一忽略的便是個人，因為要成就利他，是故損己利他，亦屬必然，這種絕對利他的思想被實現時，個人之價值與地位便無從被肯定和尊重，為了利他，成就絕對的價值（天下大利），個體之自由、人的尊嚴和道德主體的實踐可能性，全部被忽略而形成斷層，這是無法找到生命的安頓的。

第九章　結　論

第一節　仁與兼愛比較之意義

當吾人從個別的觀念來予以解析孔子的仁和墨子的兼愛，雖然，孔子說仁是愛人，墨子說愛是兼愛，亦是在愛人，但其內涵理趣，實有極大的不同，尤其是透過「人與自然、人之自我實現與人與他人」三層面來予解析，綜合和比較之後，反省孔、墨二子的哲學價值，有如下兩點：

一、人是孔、墨二子共同關懷的對象與主體，但其成就取向不同

項退結教授在其所著之《人之哲學》一書中，對中國哲學之特質予以分析，他認為中國哲學所特別關切之主題為：「政治、道德、主宰之天，大自然與人事互應，萬物根源、萬物與人事之常道、天地人一體共七項主題因素。」[註1] 從這七項關懷的主題與內容來看，孔子所著重的是：政治、道德、主宰之天，大自然與人事互應這四個主題，因為孔子的哲學思想立論之核心，落在「人」之身上，無論是從個人之修德，到為政事業開發，由內之修己到遙契天命，尋求對主宰之天和大自然與人事之互應，皆是以「人」為核心，失去了人的主體性，人文之道就不可能開出。墨子學說中，所著重的是在：政治、道德、主宰之天、大自然與人事的互應方面，舉凡其兼愛、尚賢、尚同、天志、明鬼等方面皆是以天出發點，尤其在事功方面，墨子主張非樂、節用、節葬等觀念，和以孔子為宗師之儒家更是大異其趣。

以「人」來作為哲學思想的探索對象，開發出人文之道，首推孔子，難

〔註1〕項退結，《人之哲學》（台北：中央文物供應社，1982 年 5 月出版），頁 128。

怪乎是「首出庶物，建立人道」，以孔子關切核心的「人」而言，「人」是儒家哲學的終極關懷，通往聖的路即是「到人的路」，沒有人，一切價值無從彰顯，因此要把人當人，那就必須重視他所提出的「仁」之觀念，人之成就取向該往何處呢？孔子告訴我們說：「聖人，吾不得而見之矣，得見君子者，斯可矣！」（〈述而〉）「君子有三畏：畏天命、畏大人、畏聖人之言。」（〈季氏〉）「君子」這個概念，它讓我們看到了行仁的成就取向與目標，君子之所以為君子，原於存仁、成仁，故「造次必於是，顛沛必於是」，行仁是人終身行之而無違，仁道也就是君子之道，把這個君子之道的實踐，《易經·繫辭下傳》曰：「天地之大德曰生，聖人之大寶曰位，何以守位？曰仁。」故仁德乃是生生之德的實踐，君子內省自己，將天地之大德，化做人生實踐之動力，知天地變化之幾，通人我關係之變，而成一番德性事業，這個「人」是通過自反自覺，有其擔當，有其責任與使命感，這才叫做「人」，因為有了自反自覺，不是麻木不仁，所以才能「唯仁者，能好人，能惡人。」（〈里仁〉）經由下學上達，己達達人，己立立人，孔子讓我們看到了成德君子之自反自覺，修己治人的實踐過程。

杜維明教授認為孔子為智識份子樹立了一個「極高明道中庸」的楷模：「有超越的本體感受但不神化天命，有內在的道德覺悟但不誇張自我，有廣泛的淑世悲願但不依附政權，有高遠的歷史使命但不自居仁聖。」(註2) 這樣的「道德人格」正是孔子之所以為孔子的寫照，即如其弟子所言：「仲尼日月也，無得而踰焉」、「夫子之不可及也，猶天之不可階而升也」。（〈子張〉）

墨子所關切的對象也是人，他所看到的客觀環境，比起孔子之時的惡化實有之而無不及，他所關懷的主題扣住在人世，人世之病痛為何？墨子所開出的診斷處方是兼愛，是非攻，兼愛與非攻不是從人的自反自覺而來，而是由外在客觀的權威而來，他要的是人之「福利」而非籠統且模糊之「仁道」，一切的所作所為，如明鬼、尚賢、兼愛、非攻、節用、節葬等事功，皆在成就「興利除害」、排斥「禮樂」，對於「兼愛」，仍然是他「興利除害」的一項應用，透過人（自天子以至庶人）以「兼相愛，交相利」而達到天下大利，如此才能符合他所說的「此聖王之法，天下之治道也。」吾人認為：要人人行兼愛，必須建立在人人的互相感通上，有其內在之誠律（修己）以安人，

〔註 2〕杜維明，〈孔子仁學中的道學政〉，《中國文化的危機與展望——當代研究與趨向》（台北：時報文化出版公司，1981 年出版），頁 26。

但是墨子並沒有開發出內在誡律的自反自覺，只是從「愛人者，人必從而愛之」的臆測上得來，這和孔子在答覆子路問君子之內容，便顯示出孔墨二子雖然關切的對象為人，但其進路與實踐之方大有不同。

> 子路問君子，子曰：修己以敬。曰：如斯而已乎？修己以安人。曰：
> 如斯而已乎？曰：修己以安百姓；修己以安百姓，堯舜其猶病諸！
> （〈憲問〉）

人透過「敬」的工夫來理解仁的蘊涵，把人當人，才能安人，不能安人，仁的價值即不能稱「仁」，是故既要成己也要成人。墨子哲學中並無類似孔子所言之「安人」的仁道境界，他所依據的原則是天志之義，僅存之目標則是實用與功利，他屢言：「仁人之所以為事者，必興天下之利，除天下之害」，凡有利於大眾的就做，無利的便不做，他所想達到的一個理想的社會、倫理、政治、方法雖不少，但其目標有一個「利」字。這種功利為尚的思想，在《墨子·貴義》，說得更清楚：

> 凡言凡動利於天鬼百姓者為之，凡言凡動害於天鬼百姓者舍之。

在〈魯問〉篇中，他更主張「凡入國，必擇務而從事」，「擇務而從事」本身就是一種功利的標準，能實際應用於人生行為的，「利」即是「義」，而「利」的產生，即是「愛」應用於人生行為上所產生的效果，推而廣之，「興天下之利，除天下之害」也就成為必然。就道德人格而言，墨子讓我們看到了「功利我」，功利是建立在其務實之態度上，至於如何修己安人，墨子的哲學思想欠缺了內在的自反自覺，人與人之間無從感通，形勞天下，亦只有墨子一人為導，即如《莊子·天下》所言：「反天下之心，天下不堪，墨子雖能獨任，奈天下何？離於天下，其去王也遠矣。」

二、由主體言仁與客體言兼愛，看文化事業之開創

唐端正先生認為儒學與墨學在精神上之分歧，非常明顯，他說：「大抵儒家重視主體，墨家重視客體。儒家要由主體開出客體，墨家則要由客體規定主體。」〔註3〕孔子言仁，首重的是存在的生命主體，無生命主體，即無一切文化創造之可能，主體的我之文化事業開創，有三個對象，一是自我的實現問題，二是我與自然的問題，三是我與他人的問題，這三個問題構成了人

〔註3〕唐端正，《先秦諸子論叢》（續篇）（台北：東大圖書公司，1983年4月初版），頁84。

文化成的重要因素。唐君毅先生認為孔子言仁之旨乃是「開之為對人之自己之內在的感通、對他人之感通，及對天命鬼神之感通之三方面。皆以通情成感，以感應成通。此感通為人之有形生命之上的，亦為心靈的、精神的。如說其為精神的，則對己之感通為主觀的精神之感通，對人之感通為客觀的精神之感通，對天命鬼神之感通，則為絕對的精神之感通，又此感通之三方面，其義亦可相涵而論，有如主觀精神、客觀精神與絕對精神之可通為一。」〔註4〕

　　孔子以生命主體作為文化事業開創之根源，即如《易經·繫辭上傳》所言「形而上者謂之道，形而下者謂之器，化而裁之謂之變，推而行之謂之通，舉而措之天下之民謂之事業。」主體之我的生活，亦即是我人之道德事業之範圍為何？倫理生活、群體生活、政治生活、藝術生活等等，絕不可能離開吾人之生命主體，要能理解仁道之本質，要做到君子不器，同時知道化而裁之，推而行之的修己安人，修己以安百姓之事業，這都需要自覺到生命主體是一切價值的根源，脫離了生命主體，文化事業之推行即無從通達，亦無從開發，如果所開發之價值無從回應於主體，此價值即成為虛幻而不實際，生命又何能安頓？

　　墨子之哲學是要求實踐，原因無他，乃是起於救時之弊，要能救時弊，便要有一套權威之解說，此乃客觀的「義」，而此「義」又是自「天」出，「義自天出」，尤其是要達到客觀的「公義」才是終極究竟。而墨子之言「萬事莫貴于義」（〈貴義〉），「義」乃天志，又是聖王實踐之道，但是外在之「義」如何可以內在的貫通於其主張之兼愛尚賢尚同非攻等學說，墨子對於此問題，並未作深入之探討，他即以天志之「義」為貴，人之要行兼相愛、交相利，是符合天之所欲，〈經上〉篇解釋義為「利」，〈天志上〉則說：「義者，政也。」〈天志〉中、下二篇說：「義者，善政也。」所以墨子的「義」包含著經濟之實利與政治之實用的雙重意義，它不像儒家言「義」為宜是剋就「德性」來說，墨子在〈天志下〉說：

> 且今天下士君子，中實將欲為仁義，求為上士；上欲中聖王之道，下欲中國家百姓之利者，當天之志，而不可不察也。天之志者，義之經也。

〔註4〕唐君毅，《中國哲學原論·原道篇》卷一（台北：台灣學生書局，1986年10月全集校訂版），頁78。

義來自外在客觀權威的「天」發為施政為「義政」，其施行之結果即如荀子所言：

> 墨子有見於齊，無見於畸。有齊而無畸，則政令不施。(〈天論〉)

> 墨子蔽於用而不知文。……由用謂之，道盡利矣。(〈解蔽〉)

> 不知壹天下建國家之權稱，上功用大儉約而慢差等，曾不足以容辨異縣君臣。然而其持之有故，其言之成理，足以欺惑愚眾，是墨翟宋鈃也。(〈非十二子〉)

兼愛是行義，行義可得「利」，墨子的兼愛較不及於德性的教化，而是講求實用的好處，但是一旦真正實行起來卻又標準太高，「愛人若愛其身」、「視人之身若其身」、「視人之家若其家」、「視人之國若其國」，實踐上自有其矛盾不通之處。孫詒讓說：

> 身丁戰國之初，感悕於獷暴淫侈之政。故其言諄復深切，務陳古以劃今，亦稱道詩書，及孔子所不修百國春秋。惟於禮道則右夏左周，欲變文而反之質，樂則竟屏絕之；此其與儒家四術六藝，必不合者耳，至其接世，務為和同；而自處絕艱苦，持之太過，或流於偏激。而非儒尤為乖戾。〔註5〕

墨子由天志之義而發之為政之事功，其弊乃在「變文而反之質，樂則竟屏絕之」，「自處絕艱苦，持之太過，或流於偏激」亦是其流弊與不圓滿，孫氏之評可謂中肯。

第二節　仁與兼愛比較之價值

從道德世界看孔子之仁與墨子兼愛，無論是從人與自然，人之自我實現與人和他人諸關係而言，二者之理趣和修己安人有極明顯之差異，了解其差異所在，即可解釋何以墨子非儒，背周道而用夏政，為何孟、荀二子批評非難墨子之學，唐君毅先生之言，道出了仁與兼愛之精神歧異：〔註6〕

> 儒者之言愛人之事，可只求自盡其心，而不求施報于人，唯對人之愛我者，則我又必自知義當有以報。然依墨子之言兼愛，恆以兼相愛交相利為說，卻自始即重此人與我之以愛利相施報之關係。此更

〔註5〕孫詒讓，《墨子閒詁序》（台北：世界書局，1986年出版），頁10。
〔註6〕唐君毅，前引書，頁168～169。

明是重人與我間相互之義或義務。對人之愛他人而不求施報，亦不得他人之施報者，墨家固未嘗加以尊敬，而稱揚讚美之。……今墨子不言「對此行義而不求報之人，如何加以尊禮褒揚頌讚」道；亦不言「如何教彼不知義而不知報之人」之道，而徒以兼愛交利，以相施報之義道望人，則人若不行此相施報之義道，而墨子之道窮。勢必唯有濟之以賞罰，以便人得盡其道。此則入于政治，而非道德世界中之事。

由此觀之墨子行兼愛之內在矛盾與不通是對於「行義而不求報之人」的漠視，對於「如何教彼不知義而不知報之人」使之知義知報，這是人性上的大問題，亦可發現內無感應溝通，僅憑天志之客觀權威命令，實難解答人所面臨的諸問題。

其次，吾人發現，墨子亦非全無推崇孔子者，在〈公孟〉，墨子稱孔子，曰：「是亦當而不可易者也」，由此推論墨子對於孔子「當而不可易者」，亦有反思和傳承，但是二人在言仁與言兼愛或稱仁與義分之方面，是有很大的不同，孔子言仁爲重點、爲核心，仁與義分而言之，義之價值尚未凸顯，至孟子乃仁義並言，而有「仁、人之安宅也，義，人之正路也。」（〈離婁下〉），然墨子其言仁義，乃歸顧義，對仁未有深入探討，墨子之單言義且貴義，重義道而立于客觀之天下，孔子重內在之自覺心而不違仁。就以「道德」爲特色的中國哲學來說，孔子與墨子二人之言仁與兼愛，雖其理不同，內涵不同，但就道德生命之發展來說，皆是作積極入世的，縱使客觀環境險惡，孔子言：「鳥獸不可與同群，吾非斯人之徒與而誰與！天下有道，丘不與易也。」（〈微子〉）孔子雖明知時不可爲，卻不苟同隱逸山林之消極做法。墨子摩頂放踵，利天下而爲之，孔、墨二人認知到人注定在實存的人群中尋求安身立命之道，但是實然世界的諸多缺點，不合理、不完善，吾人卻不可因此而逃避退縮，而是迎向前去，挑起重擔，投入此一生命交會之大生命中，這是二人面對如此之困境所作的相同努力。

第三，從中國哲學思想形態之發展歷程來看，由天道→神道→人道的歷程，也正好說明了孔子「爲人道獻身」〔註7〕的精神，再由氣質變化看人之進步歷程：野→質→文，「人的氣質變化是人在進步途中隨人性的自覺而起，人是「首出庶物」者，此一『自覺心』極爲重要，由此而表現出的進步歷程，

〔註 7〕高懷民，《大易哲學論》（台北：成文出版社，1978 年 6 月初版），頁 240。

也可以作爲三級劃分，便是：由『野』而『質』而『文』。」﹝註8﹞文是「人」表現其性於設施制度上而見文采，以「人」的立場言：是人的地位逐步上升，逐步的前進。不論是就天道、神道與人道或是野、質、文的範疇來看，孔子正代表著「健」的精神，是進取的精神，「天行健，君子以自強不息」，是進取的，所以孔子對於人道之前的「鬼神」，其態度已作轉變，他致力於消除舊時代之神道思想，作轉化人心之工作，努力尋找爲「人道思想時代」的人建立一套修己做人之法則，他找到了「仁」。

墨子的哲學帶著很濃厚的「復古」思想，無論對天、鬼神，還有在事功（尚儉）及其三表法之運用，「復古」的思想處處可見，墨子雖也是處於人道時代，但其生命關懷不是以「人之自覺」爲起點，於是我們在他的哲學中就看不到像孔子哲學裡的豐富內涵，通過人與人的親密交往，人與人在文化活動中的激盪與分享，在相感應，相融通的文化活動中，使自我價值以實現和完成，共創一個人文化成的理想世界。這個人文價值的根本泉源，曾春梅教授認爲：「這是孔子從周代禮樂的人文脈絡中，揭示出來的人文信念對人性尊嚴的信念。深信在個人自然的情欲生命上，有一更富價值的，超越性的存有。」﹝註9﹞由此可見孔子之發現並發揚之「仁」，是吾人在做道德判斷及行爲抉擇時所本的最後內在依據，失此依據，生命即麻木不仁，道德生命乃夭折，人之意義不顯。墨子所形成塑造之人格特質，亦在於外求客觀權威之誡命與鬼神之賞善罰惡，雖有其懲罰作用，但已不合人道世界之需要，雖然墨子及其門徒皆能效法禹之精神，但是失去內在人心安頓之依據，僅憑外在客觀權威與社會事功，雖有熱情與勇氣，但還是無法解決時代之墮落與隱晦。

最後，就二家哲學之研究進路而言，吾人以「感通潤物」爲核心，依序地探討仁之平面系統和垂直系統，始知人和天之諸多關係，從其平面與垂直二系統中，了解到人之地位與尊嚴。而墨子哲學之本乃在天志，強調天志是爲其哲學思想樹立一個價值根源。從孔、墨二子所創造之價值系統來看，中國哲學中對「人」之重視，修德踐仁的理想，重實際的傾向，尋求人間的秩序和道德價值之根源，一直是從先秦以來的探索和努力目標，可說具有人文精神之特色，因爲每個人之所以有他的修養、堅持，實在是基於人之內心自

﹝註8﹞ 高懷民，前引書，頁 242～243。

﹝註9﹞ 曾春海，〈從論語孔子與隱者之遇觀孔學之精神與旨趣〉，收錄於《儒家哲學論集》（台北：文津出版社，1989 年 5 月出版），頁 110。

參考書目

一、原始史料

1. 諸子引得——論語、孟子、荀子、莊子、禮記、呂氏春秋、韓非子，台北：宗青圖書出版公司，1986 年 11 月初版。

2. 朱熹撰，《四書集註》，台北：藝文印書館，1980 年 5 月五版。

3. 孫詒讓撰，《墨子閒詁》，台北：世界書局，四部刊要，諸子集成第一集三十種之一，第八冊，1986 年 10 月十一版。

4. 程頤、朱熹撰，《易程傳、易本義》，台北：河洛圖書出版社，1974 年 3 月台景印一版。

5. 司馬遷，《史記》，台北：宏業書局，1987 年 6 月再版。

二、一般論著

1. 方東美等著，《中國人的心靈》，台北：聯經出版事業公司，1984 年出版，359 頁。

2. 方東美，《生生之德》，台北：黎明文化事業公司，1987 年 7 月四版，400 頁。

3. 方授楚，《墨學源流》，台北：中華書局，1966 年 3 月台二版，109 頁。

4. 王國維，《觀堂集林》（上、下冊），台北：世界書局，1983 年 5 月五版，1233 頁。

5. 王夢鷗注譯，《禮記今註今譯》（上冊），台北：台灣商務印書館，1969 年 11 月初版，429 頁。

6. 王夢鷗，《禮記今註今譯》（下冊），台北：台灣商務印書館，1970 年 1 月初版，836 頁。

7. 王冬珍，《墨學新探》，台北：世界書局印行，1984 年 10 月三版，518 頁。

8. 王邦雄等著,《中國哲學家與哲學專題》(上),台北:國立空中大學,1989 年 9 月初版,358 頁。

9. 史墨卿,《墨學探微》,台北:台灣學生書局,1978 年 9 月再版,256 頁。

10. 成中英,《中國哲學與中國文化》,台北:三民書局,1981 年 1 月再版,232 頁。

11. 牟宗三,《中國哲學特質》,台北:蘭台書局,1973 年 2 月初版,101 頁。

12. 阮元,《揅經室集》(上冊),台北:世界書局,1982 年 3 月再版,316 頁。

13. 吳康,《孔孟荀哲學》,台北:台灣商務印書館,1987 年 10 月五版,165 頁。

14. 李杜,《中西哲學思想中的天道與上帝》,台北:聯經出版事業公司,1978 年 11 月初版,339 頁。

15. 李澤厚,《中國古代思想史論》,台北:谷風出版社,1986 年 12 月出版,373 頁。

16. 沈清松,《現代哲學論衡》,台北:黎明文化事業公司,1986 年 10 月初版,522 頁。

17. 余英時,《從價值系統看中國文化的現代意義》,台北:時報文化出版公司,1989 年 2 月二版四刷,135 頁。

18. 屈萬里,《尚書今註今譯》,台北:台灣商務印書館,1988 年 8 月十二版,204 頁。

19. 林義正,《孔子學說探微》,台北:東大圖書公司,1987 年 9 月初版,285 頁。

20. 周長耀,《孔墨思想之比較》,台北:世紀書局,1981 年 11 月再版,370 頁。

21. 胡適,《中國古代哲學史》,台北:遠流出版社,1986 年 10 月遠流二版,347 頁。

22. 高懷民,《先秦易學史》,台北:台灣商務印書館,1975 年 6 月初版,372 頁。

23. 高懷民,《大易哲學論》,台北:成文出版社,1978 年 6 月初版,596 頁。

24. 高懷民,《中國先秦與希臘哲學之比較》,台北:中央文物供應社,1983 年 12 月出版,300 頁。

25. 高明等著,《孔子思想研究論集》,台北:黎明文化事業公司,1983 年 1 月初版,311 頁。

26. 唐君毅,《哲學概論》(全二冊),台北:台灣學生書局,1978 年 5 月五版,1254 頁。

27. 唐君毅,《中國哲學原論‧導論篇》,台北:台灣學生書局,1986 年 9 月

全集校訂版，657 頁。

28. 唐君毅，《中國哲學原論・原道篇》（卷一），台北：台灣學生書局，1986 年 10 月全集校訂版，544 頁。

29. 徐復觀，《中國思想史論集》，台北：台灣學生書局，1988 年 2 月八版，293 頁。

30. 徐復觀，《中國人性論史》，台北：台灣商務印書館，1988 年 11 月九版，629 頁。

31. 徐復觀，《兩漢思想史》，台北：台灣學生書局，1990 年 2 月七版二刷，480 頁。

32. 陳大齊，《孔子言論貫通集》，台北：台灣商務印書館，1987 年 6 月出版，139 頁。

33. 陳大齊，《孔子學說》，台北：正中書局，1987 年 11 月台初版第十一次印行，327 頁。

34. 陳癸淼，《墨辯研究》，台北：台灣學生書局，1977 年 1 月初版，391 頁。

35. 陳問梅，《墨學之省察》，台北：台灣學生書局，1988 年 5 月初版，450 頁。

36. 梁啓超，《墨經校釋》，台北：台灣中華書局，1968 年 4 月台三版，104 頁。

37. 梁啓超，《墨子學案》，台北：台灣中華書局，1985 年 8 月台五版。

38. 梁啓超，《子墨子學說》，台北：台灣中華書局，1985 年 8 月台四版，72 頁。

39. 項退結，《現代中國與形上學》，台北：黎明文化事業公司，1981 年 5 月再版，190 頁。

40. 項退結，《人之哲學》，台北：中央文物供應社，1982 年 5 月初版，206 頁。

41. 項退結，《邁向未來的哲學思考》，台北：東大圖書公司，1988 年 2 月修訂初版，300 頁。

42. 程石泉，《論語讀訓解故》，台北：先知出版社，1975 年 2 月台一版，372 頁。

43. 馮友蘭，《中國哲學史》，香港：太平洋圖書公司，1970 年 2 月再版，104 頁。

44. 曾春海，《儒家哲學論集》，台北：文津出版社，1989 年 5 月出版，516 頁。

45. 楊慧傑，《仁的涵義與仁的哲學——中國古代仁的研究》，台北：牧童出版社，1975 年 3 月初版，199 頁。

46. 楊政河，《中國哲學之精髓與創化》，台北：文津出版社，1982 年 5 月出

版，455 頁。

47. 馮耀明，《中國哲學的方法論問題》，台北：允晨出版社，1989 年 9 月出版，347 頁。

48. 熊自健，《中共學界孔子研究新貌》，台北：文津出版社，1988 年 3 月出版，175 頁。

49. 黎建球，《中國百位哲學家》，台北：東大圖書公司，1984 年 1 月再版，373 頁。

50. 劉正浩，《周秦諸子述左傳考》，台北：台灣商務印書館，1980 年 9 月三版，238 頁。

51. 錢穆，《中國學術思想史論集》，台北：東大圖書公司，1980 年 1 月再版，573 頁。

52. 錢穆，《孔子與論語》，台北：聯經出版事業公司，1984 年 9 月第六版印行，264 頁。

53. 錢穆，《先秦諸子繫年》，台北：東大圖書公司，1986 年 2 月台北東大初版，624 頁。

54. 錢穆，《國史大綱》（上冊），台北：台灣商務印書館，1990 年 3 月修訂十七版，390 頁。

55. 傅佩榮，《儒道天論發微》，台北：台灣學生書局，1985 年 10 月初版，301 頁。

56. 蔡仁厚，《墨家哲學》，台北：東大圖書公司，1983 年 9 月再版，223 頁。

57. 蔡仁厚，《中國哲學大綱》，台北：台灣學生書局，1988 年 8 月初版，340 頁。

58. 羅根澤，《諸子考索》，香港九龍：學林書局，1977 年出版，572 頁。

59. 謝幼偉，《中國哲學論文集》，台北：華岡出版部，1973 年 6 月初版，161 頁。

60. 羅夢冊，《孔子未王而王論》，台北：台灣學生書局，1982 年 11 月台初版，299 頁。

61. 羅光，《中國哲學思想史》（先秦篇），台北：台灣學生書局，1982 年增訂重版，801 頁。

三、期刊論文

1. 沈清松，〈原始儒家與民主思想〉，國際孔學會議論文，1987 年 11 月出版。

2. 李賢中，〈先秦名家「名實」思想探析〉，輔仁大學哲學研究所博士論文，1991 年 1 月。

3. 吳進安，〈孔子仁之文化哲學初探〉，《哲學與文化》第十八卷第二、三期合訂本，1991 年 2 月出版。

4. 周富美，〈墨子的實學〉，《台大文史哲學報》第二十六期，1973 年 6 月出版。

5. 周富美，〈墨子兼愛說平議〉，《台大文史哲學報》第二十六期，1977 年 12 月出版。

6. 林義正，〈論孔子思想中的「道」〉，國際孔學會議論文，1987 年 11 月出版。

7. 陳俊輝，〈孔子的「仁」與海德格的「存有」初探〉（上、下），《台大哲學論評》第六、七期，台北：台灣大學哲學系出版。

8. 項退結，〈從「信而好古」說到「仁」之現代意義〉，國際孔學會議論文，1987 年 11 月出版。

9. 蔡仁厚，〈孔學精神與現代世界〉，國際孔學會議論文，1987 年 11 月出版。

10. 《國立台灣大學國際中國哲學研討會論文集》，台北：台大哲學系，1985 年 11 月出版。

四、百科全書、辭典

1. 韋政通，《中國哲學辭典大全》，台北：水牛出版社，1983 年 9 月初版，905 頁。

2. 張其昀監修，《中華百科全書》，台北：中國文化大學出版部，1981 年 3 月出版。

後　記

　　先秦時期，百家鼎盛，在諸家學說中，儒墨並稱爲雄，《韓非子‧顯學》言：「世之顯學，儒墨也。儒之所至，孔丘也；墨之所至，墨翟也。」儒墨既然並稱爲顯學，在二家典籍中亦見彼此爭鋒、批評之意。其中孟子即言：「楊朱墨翟之言盈天下。天下之言，不歸楊則歸墨。」又曰：「楊氏爲我，是無君也；墨氏兼愛，是無父也。無父、無君、是禽獸也。」而墨子在〈公孟篇〉亦嚴詞批評儒家之四政，其道足以喪天下。唐韓昌黎則言「孔子必用墨子，墨子必用孔子，不相用，不足爲孔墨」，面對上述諸問題，實有必要對孔墨二子之核心觀念作深入的探析，二人之思想理趣、價值系統、修己安人之道與終極關懷究有何不同，引發我的興趣與關懷，感謝業師高懷民教授的悉心指導與啓迪，尤其是在治學態度、授業熱忱、義理詮釋乃至爲人處世之經驗，皆使我獲益匪淺。

　　在中國哲學探索與研究的過程中，感謝羅師焯公、黎師建球、曾師春海等諸位老師，在爲學與做人等方面所給予的啓發和鼓勵。在工作與研究的雙重壓力下，現任天主教台北教區總主教洪山川神父在我於 1985～1993 年服務於輔仁大學時，於精神上的支持和工作上的指導與信任，皆是令我難以忘懷，感念在心。父母的養育之恩與師長的教誨之情，都是筆者終生難忘的。在這十幾年工作與研究期間，內子麗娟在精神上、物質條件上不斷地給予我堅定的支持，使我能夠順利完成學業及升等，在此特別感謝她。

　　最後，本書承業師高懷民教授賜序，深感榮幸，當更加努力，以不負期許。本書曾於 1993 年出版過，在事隔十餘年後，花木蘭文化出版社再將拙作付梓，並收錄爲中國學術思想研究輯刊，並予更動書名匡補闕漏，感佩其對教育文化的投注與熱情，尤其是編輯群兢兢業業時時督促進度，特予致謝，並饗讀者。

2010 年 12 月 23 日　吳進安
於國立雲林科技大學漢學資料整理研究所